Annette von Droste-Hülshoff

Die Judenbuche

Ein Sittengemälde aus dem gebirgigten Westfalen

Wo ist die Hand so zart, dass ohne Irren
Sie sondern mag beschränkten Hirnes Wirren,
So fest, dass ohne Zittern sie den Stein
Mag schleudern auf ein arm verkümmert Sein?
Wer wagt es, eitlen Blutes Drang zu messen,
Zu wägen jedes Wort, das unvergessen
In junge Brust die zähen Wurzeln trieb,
Des Vorurteils geheimen Seelendieb?
Du Glücklicher, geboren und gehegt
Im lichten Raum, von frommer Hand gepflegt,
Leg hin die Waagschal', nimmer dir erlaubt!
Lass ruhn den Stein – er trifft dein eignes Haupt! –

Friedrich Mergel, geboren 1738, war der einzige Sohn eines sogenannten Halbmeiers oder Grundeigentümers geringerer Klasse im Dorfe B., das, so schlecht gebaut und rauchig es sein mag, doch das Auge jedes Reisenden fesselt durch die überaus malerische Schönheit seiner Lage in der grünen Waldschlucht eines bedeutenden und geschichtlich merkwürdigen Gebirges. Das Ländchen, dem es angehörte, war damals einer jener abgeschlossenen Erdwinkel ohne Fabriken und Handel, ohne Heerstraßen, wo noch ein fremdes Gesicht Aufsehen erregte, und eine Reise von dreißig Meilen selbst den Vornehmeren zum Ulysses seiner Gegend machte – kurz, ein Fleck, wie es deren sonst so viele in Deutschland gab, mit all den Mängeln und Tugenden, all der Originalität und Beschränktheit, wie sie nur in solchen Zuständen gedeihen. Unter höchst einfachen und häufig unzulänglichen Gesetzen waren die Begriffe der Einwohner von Recht und Unrecht einigermaßen in Verwirrung geraten, oder vielmehr, es hatte sich neben dem gesetzlichen ein zweites Recht gebildet, ein Recht der öffentlichen Meinung, der Gewohnheit und der durch Vernachlässigung entstandenen Verjäh-

Wo ist … dein eignes Haupt! – → Seite 71

sondern mag entwirren, entflechten kann

eitlen hochmütigen, stolzen

Halbmeiers zur Leistung regelmäßiger Dienste und zur Abführung von Abgaben an den Grundherrn verpflichteter Bauer

im Dorfe B. Bellersen im ehemaligen Fürstbistum Paderborn

merkwürdigen bemerkenswerten, bedeutungsvollen

Gebirges → Seite 71

Heerstraßen → Seite 71

dreißig Meilen gut 220 km (eine deutsche geografische Meile entspricht 7,42 km)

Ulysses → Seite 71

niedere Gerichtsbarkeit richterliche Entscheidungsgewalt bei Alltagsdelikten

redlichen Einsicht unvoreingenommenen Einschätzung des Straftatbestands

rung. Die Gutsbesitzer, denen die niedere Gerichtsbarkeit zustand, straften und belohnten nach ihrer in den meisten Fällen redlichen Einsicht; der Untergebene tat, was ihm ausführbar und mit einem etwas weiten Gewissen verträglich schien, und nur dem Verlierenden fiel es zuweilen ein, in alten staubigten Urkunden nachzuschlagen. – Es ist schwer, jene Zeit unparteiisch ins Auge zu fassen; sie ist seit ihrem Verschwinden entweder hochmütig getadelt oder albern gelobt worden, da den, der sie erlebte, zu viel teure Erinnerungen blenden und der Spätergeborene sie nicht begreift. So viel darf man indessen behaupten, dass die Form schwächer, der Kern fester, Vergehen häufiger, Gewissenlosigkeit seltener waren. Denn wer nach seiner Überzeugung handelt, und sei sie noch so mangelhaft, kann nie ganz zu Grunde gehen, wogegen nichts seelentötender wirkt, als gegen das innere Rechtsgefühl das äußere Recht in Anspruch nehmen.

Holz- und Jagdfrevel Holzdiebstahl und Wilderei

allerdings in jeder Hinsicht

Ein Menschenschlag, unruhiger und unternehmender als alle seine Nachbarn, ließ in dem kleinen Staate, von dem wir reden, manches weit greller hervortreten als anderswo unter gleichen Umständen. Holz- und Jagdfrevel waren an der Tagesordnung, und bei den häufig vorfallenden Schlägereien hatte sich jeder selbst seines zerschlagenen Kopfes zu trösten. Da jedoch große und ergiebige Waldungen den Hauptreichtum des Landes ausmachten, ward allerdings scharf über die Forsten gewacht, aber weniger auf gesetzlichem Wege, als in stets erneuten Versuchen, Gewalt und List mit gleichen Waffen zu überbieten.

für als

Das Dorf B. galt für die hochmütigste, schlauste und kühnste Gemeinde des ganzen Fürstentums. Seine Lage inmitten tiefer und stolzer Waldeinsamkeit mochte schon früh den angeborenen Starrsinn der Gemüter nähren; die Nähe eines Flusses, der in die See mündete und bedeckte Fahrzeuge trug, groß genug, um Schiffbauholz bequem und sicher außer Land zu führen, trug sehr dazu bei, die natürliche Kühnheit der Holzfrevler zu ermutigen, und der Umstand, dass alles umher von Förstern wimmelte, konnte hier nur aufregend wirken, da bei den häufig vorkommenden Scharmützeln der Vorteil meist auf Seiten der Bauern blieb. Dreißig, vierzig Wagen zogen zugleich aus in den schönen Mondnächten, mit ungefähr doppelt so viel Mannschaft jedes Alters, vom halbwüchsigen Knaben bis zum siebzigjährigen Ortsvorsteher, der als erfahrener Leitbock den Zug mit gleich stolzem Bewusstsein anführte, als er seinen Sitz in der Gerichtsstube einnahm. Die Zurückgebliebenen horchten sorglos dem allmählichen Verhallen des Knarrens und Stoßens der Räder in den Hohlwegen und schliefen sacht weiter. Ein gelegentlicher Schuss, ein schwacher Schrei ließen wohl einmal eine junge Frau oder Braut auffahren; kein anderer achtete darauf. Beim ersten Morgengrau kehrte der Zug ebenso schweigend heim, die Gesichter glühend wie Erz, hier und dort einer mit verbundenem Kopf, was weiter nicht in Betracht kam, und nach ein paar Stunden war die Umgegend voll von dem Missgeschick eines oder mehrerer Forstbeamten, die aus dem Walde getragen wurden, zerschlagen, mit Schnupftabak geblendet und für einige Zeit unfähig, ihrem Berufe nachzukommen.

In diesen Umgebungen ward Friedrich Mergel geboren, in einem Hause, das durch die stolze Zugabe eines Rauchfangs und minder kleiner Glasscheiben die Ansprüche seines Erbauers, sowie durch seine gegenwärtige Verkommenheit die kümmerlichen Umstände des jetzigen Besitzers bezeugte. Das frühere Geländer um Hof und Garten war einem vernachlässigten Zaune gewichen, das Dach schadhaft, fremdes Vieh weidete auf den Triften, fremdes Korn wuchs auf dem Acker zunächst am Hofe, und der Garten enthielt, außer ein paar holzigten Rosenstöcken aus besserer Zeit, mehr Un-

aufregend als zusätzlicher Anreiz; als Herausforderung, der Obrigkeit die Stirn zu bieten

Scharmützeln gewalttätigen Auseinandersetzungen, kleineren Gefechten

Hohlwegen tief gelagerte Wege, die das umliegende Gelände durchschneiden

mit Schnupftabak geblendet vermutlich, indem er ihnen in die Augen geblasen oder gerieben worden war

Rauchfangs trichterförmige Haube über einem offenen Kamin, durch die die Rauchgase in den Schornstein geleitet werden

minder kleiner Glasscheiben → Seite 71

Triften Weiden, Wiesen

Acker zunächst am Hofe dem Hofe nächstgelegenen Acker

kraut als Kraut. Freilich hatten Unglücksfälle manches hiervon herbeigeführt; doch war auch viel Unordnung und böse Wirtschaft im Spiel. Friedrichs Vater, der alte Hermann Mergel, war in seinem Junggesellenstande ein sogenannter ordentlicher Säufer, d. h. einer, der nur an Sonn- und Festtagen in der Rinne lag und die Woche hindurch so manierlich war wie ein anderer. So war denn auch seine Bewerbung um ein recht hübsches und wohlhabendes Mädchen ihm nicht erschwert. Auf der Hochzeit ging's lustig zu. Mergel war gar nicht zu arg betrunken, und die Eltern der Braut gingen abends vergnügt heim; aber am nächsten Sonntage sah man die junge Frau schreiend und blutrünstig durchs Dorf zu den Ihrigen rennen, alle ihre guten Kleider und neues Hausgerät im Stich lassend. Das war freilich ein großer Skandal und Ärger für Mergel, der allerdings Trostes bedurfte. So war denn auch am Nachmittage keine Scheibe an seinem Hause mehr ganz, und man sah ihn noch bis spät in die Nacht vor der Türschwelle liegen, einen abgebrochenen Flaschenhals von Zeit zu Zeit zum Munde führend und sich Gesicht und Hände jämmerlich zerschneidend. Die junge Frau blieb bei ihren Eltern, wo sie bald verkümmerte und starb. Ob nun den Mergel Reue quälte oder Scham, genug, er schien der Trostmittel immer bedürftiger und fing bald an, den gänzlich verkommenen Subjekten zugezählt zu werden.

böse Wirtschaft mangelhafte Haushaltung, geschäftliche Unfähigkeit

vergnügt hier: zufrieden, guter Dinge

blutrünstig blutend (aus offener Wunde)

allerdings in der Tat

Subjekten Personen

Die Wirtschaft verfiel; fremde Mägde brachten Schimpf und Schaden; so verging Jahr auf Jahr. Mergel war und blieb ein verlegener und zuletzt ziemlich armseliger Witwer, bis er mit einem Male wieder als Bräutigam auftrat. War die Sache an und für sich unerwartet, so trug die Persönlichkeit der Braut noch dazu bei, die Verwunderung zu erhöhen. Margareth Semmler war eine brave, anständige Person, so in den Vierzigen, in ihrer Jugend eine Dorfschönheit und noch jetzt als sehr klug und wirtlich geachtet, dabei nicht unvermögend; und so musste es jedem unbegreiflich sein, was sie zu diesem Schritte getrieben. Wir glauben den Grund eben in dieser ihrer selbstbewussten Vollkommenheit zu finden. Am Abend vor der Hochzeit soll sie gesagt haben: »Eine Frau, die von ihrem Manne übel behandelt wird, ist dumm oder taugt nicht: wenn's mir schlecht geht, so sagt, es liege an mir.« Der Erfolg zeigte leider, dass sie ihre Kräfte überschätzt hatte. Anfangs imponierte sie ihrem Manne; er kam nicht nach Haus oder kroch in die Scheune, wenn er sich übernommen hatte; aber das Joch war zu drückend, um lange getragen zu werden, und bald sah man ihn oft genug quer über die Gasse ins Haus taumeln, hörte drinnen sein wüstes Lärmen und sah Margreth eilends Tür und Fenster schließen. An einem solchen Tage – keinem Sonntage mehr – sah man sie abends aus dem Hause stürzen, ohne Haube und Halstuch, das Haar wild um den Kopf hängend, sich im Garten neben ein Krautbeet niederwerfen und die Erde mit den Händen aufwühlen, dann ängstlich um sich schauen, rasch ein Bündel Kräuter brechen und damit langsam wieder dem Hause zugehen, aber nicht hinein, sondern in die Scheune. Es hieß, an diesem Tage habe Mergel zuerst Hand an sie gelegt, obwohl das Bekenntnis nie über ihre Lippen kam.

Das zweite Jahr dieser unglücklichen Ehe ward mit einem Sohne, man kann nicht sagen erfreut, denn Margreth soll

verlegener träger, untätiger, verkümmerter

Vierzigen Vierzigern

wirtlich umsichtig und sparsam haushaltend

sich übernommen zu viel getrunken

sehr geweint haben, als man ihr das Kind reichte. Dennoch, obwohl unter einem Herzen voll Gram getragen, war Friedrich ein gesundes, hübsches Kind, das in der frischen Luft kräftig gedieh. Der Vater hatte ihn sehr lieb, kam nie nach Hause, ohne ihm ein Stückchen Wecken oder dergleichen mitzubringen, und man meinte sogar, er sei seit der Geburt des Knaben ordentlicher geworden; wenigstens ward der Lärmen im Hause geringer.

der Lärmen der Lärm, das Lärmen

Friedrich stand in seinem neunten Jahre. Es war um das Fest der Heiligen Drei Könige, eine harte, stürmische Winternacht. Hermann war zu einer Hochzeit gegangen und hatte sich schon beizeiten auf den Weg gemacht, da das Brauthaus drei Viertelmeilen entfernt lag. Obgleich er versprochen hatte, abends wiederzukommen, rechnete Frau Mergel doch umso weniger darauf, da sich nach Sonnenuntergang dichtes Schneegestöber eingestellt hatte. Gegen zehn Uhr schürte sie die Asche am Herde zusammen und machte sich zum Schlafengehen bereit. Friedrich stand neben ihr, schon halb entkleidet und horchte auf das Geheul des Windes und das Klappen der Bodenfenster.

drei Viertelmeilen gut 5,5 km

Bodenfenster Dachfenster, Dachluke

»Mutter, kommt der Vater heute nicht?« fragte er. – »Nein, Kind, morgen.« – »Aber warum nicht, Mutter? er hat's doch versprochen.« – »Ach Gott, wenn der alles hielte, was er verspricht! Mach, mach voran, dass du fertig wirst.«

Sie hatten sich kaum niedergelegt, so erhob sich eine Windsbraut, als ob sie das Haus mitnehmen wollte. Die Bettstatt bebte und im Schornstein rasselte es wie ein Kobold. – »Mutter – es pocht draußen!« – »Still, Fritzchen, das ist das lockere Brett im Giebel, das der Wind jagt.« – »Nein, Mutter, an der Tür!« – »Sie schließt nicht; die Klinke ist zerbrochen. Gott, schlaf doch! bring mich nicht um das armselige bisschen Nachtruhe.« – »Aber wenn nun der Vater kommt?« – Die Mutter drehte sich heftig im Bett um. – »Den hält der

Windsbraut heftig heulender Sturmwind

Die Bettstatt Das Bettgestell

Teufel fest genug!« – »Wo ist der Teufel, Mutter?« – »Wart du Unrast! er steht vor der Tür und will dich holen, wenn du nicht ruhig bist!«

du Unrast du unruhiger, rastloser Bursche

Friedrich ward still; er horchte noch ein Weilchen und schlief dann ein. Nach einigen Stunden erwachte er. Der Wind hatte sich gewendet und zischte jetzt wie eine Schlange durch die Fensterritze an seinem Ohr. Seine Schulter war erstarrt; er kroch tief unters Deckbett und lag aus Furcht ganz still. Nach einer Weile bemerkte er, dass die Mutter auch nicht schlief. Er hörte sie weinen und mitunter: »Gegrüßt seist du, Maria!« und: »bitte für uns arme Sünder!« Die Kügelchen des Rosenkranzes glitten an seinem Gesicht hin. – Ein unwillkürlicher Seufzer entfuhr ihm. – »Friedrich, bist du wach?« – »Ja, Mutter.« – »Kind, bete ein wenig – du kannst ja schon das halbe Vaterunser – dass Gott uns bewahre vor Wasser- und Feuersnot.«

»Gegrüßt seist du, Maria!« und: »bitte für uns arme Sünder!« Zeilen aus dem katholischen »Ave Maria«

Kügelchen des Rosenkranzes Perlen der Gebetskette, die Katholiken traditionell beim Aufsagen des komplizierten Rosenkranzgebets verwenden

Friedrich dachte an den Teufel, wie der wohl aussehen möge. Das mannigfache Geräusch und Getöse im Hause kam ihm wunderlich vor. Er meinte, es müsse etwas Lebendiges drinnen sein und draußen auch. »Hör, Mutter, gewiss, da sind Leute, die pochen.« – »Ach nein, Kind; aber es ist kein altes Brett im Hause, das nicht klappert.« – »Hör! hörst du nicht? es ruft! hör doch!«

Die Mutter richtete sich auf; das Toben des Sturms ließ einen Augenblick nach. Man hörte deutlich an den Fensterladen pochen und mehrere Stimmen: »Margreth! Frau Margreth, heda, aufgemacht!« – Margreth stieß einen heftigen Laut aus: »Da bringen sie mir das Schwein wieder!«

Der Rosenkranz flog klappernd auf den Brettstuhl, die Kleider wurden herbeigerissen. Sie fuhr zum Herde und bald darauf hörte Friedrich sie mit trotzigen Schritten über die Tenne gehen. Margreth kam gar nicht wieder; aber in der Küche war viel Gemurmel und fremde Stimmen. Zweimal

die Tenne den Hausflur, den Fußboden

kam ein fremder Mann in die Kammer und schien ängstlich etwas zu suchen. Mit einem Male ward eine Lampe hereingebracht. Zwei Männer führten die Mutter. Sie war weiß wie Kreide und hatte die Augen geschlossen. Friedrich meinte, sie sei tot; er erhob ein fürchterliches Geschrei, worauf ihm jemand eine Ohrfeige gab, was ihn zur Ruhe brachte, und nun begriff er nach und nach aus den Reden der Umstehenden, dass der Vater vom Ohm Franz Semmler und dem Hülsmeyer tot im Holze gefunden sei und jetzt in der Küche liege.

Ohm Oheim, Onkel

Holze Wald

Sobald Margreth wieder zur Besinnung kam, suchte sie die fremden Leute loszuwerden. Der Bruder blieb bei ihr und Friedrich, dem bei strenger Strafe im Bett zu bleiben geboten war, hörte die ganze Nacht hindurch das Feuer in der Küche knistern und ein Geräusch wie von Hin- und Herrutschen und Bürsten. Gesprochen ward wenig und leise, aber zuweilen drangen Seufzer herüber, die dem Knaben, so jung er war, durch Mark und Bein gingen. Einmal verstand er, dass der Oheim sagte: »Margreth, zieh dir das nicht zu Gemüt; wir wollen jeder drei Messen lesen lassen, und um Ostern gehen wir zusammen eine Bittfahrt zur Muttergottes von Werl.«

ein Geräusch wie von Hin- und Herrutschen und Bürsten offenbar die Totenwäsche

zieh dir das nicht zu Gemüt nimm dir das nicht (zu sehr) zu Herzen

Messen katholische Messen, für das Seelenheil des Verstorbenen

Bittfahrt zur Muttergottes von Werl → Seite 71

Als nach zwei Tagen die Leiche fortgetragen wurde, saß Margreth am Herde, das Gesicht mit der Schürze verhüllend. Nach einigen Minuten, als alles still geworden war, sagte sie in sich hinein: »Zehn Jahre, zehn Kreuze. Wir haben sie doch zusammen getragen, und jetzt bin ich allein!« dann lauter: »Fritzchen, komm her!« – Friedrich kam scheu heran; die Mutter war ihm ganz unheimlich geworden mit den schwarzen Bändern und den verstörten Zügen. »Fritzchen«, sagte sie, »willst du jetzt auch fromm sein, dass ich Freude an dir habe, oder willst du unartig sein und lügen, oder saufen und stehlen?« – »Mutter, Hülsmeyer stiehlt.« – »Hülsmeyer? Gott bewahre! Soll ich dir auf den Rücken kommen? wer sagt dir so schlechtes Zeug?« – »Er hat neulich den Aaron geprügelt und ihm sechs Groschen genommen.« – »Hat er dem Aaron Geld genommen, so hat ihn der verfluchte Jude gewiss zuvor darum betrogen. Hülsmeyer ist ein ordentlicher, angesessener Mann, und die Juden sind alle Schelme.« – »Aber, Mutter, Brandis sagt auch, dass er Holz und Rehe stiehlt.« – »Kind, Brandis ist ein Förster.« – »Mutter, lügen die Förster?«

Margreth schwieg eine Weile; dann sagte sie: »Höre, Fritz, das Holz lässt unser Herrgott frei wachsen und das Wild wechselt aus eines Herren Lande in das andere; die können niemand angehören. Doch das verstehst du noch nicht; jetzt geh in den Schoppen und hole mir Reisig.«

Friedrich hatte seinen Vater auf dem Stroh gesehen, wo er, wie man sagt, blau und fürchterlich ausgesehen haben soll. Aber davon erzählte er nie und schien ungern daran zu denken. Überhaupt hatte die Erinnerung an seinen Vater eine mit Grausen gemischte Zärtlichkeit in ihm zurückgelassen, wie denn nichts so fesselt, wie die Liebe und Sorgfalt eines Wesens, das gegen alles Übrige verhärtet scheint, und bei Friedrich wuchs dieses Gefühl mit den Jahren, durch das Ge-

mit den schwarzen Bändern Bänder der Mütze aus schwarzem Tuch, die zur Trauerkleidung gehörte

Soll ich dir auf den Rücken kommen? Willst du ein paar Hiebe auf den Rücken haben?

Groschen Bezeichnung für eine Münze von geringem Wert

angesessener ortsansässiger, allgemein bekannter und angesehener

Schelme Betrüger

Schoppen Schuppen, Scheune

Reisig dünne Zweige, hier wohl als Brennmaterial verwendet

fühl mancher Zurücksetzung von Seiten anderer. Es war ihm äußerst empfindlich, wenn, solange er Kind war, jemand des Verstorbenen nicht allzu löblich gedachte; ein Kummer, den ihm das Zartgefühl der Nachbarn nicht ersparte. Es ist gewöhnlich in jenen Gegenden, den Verunglückten die Ruhe im Grabe abzusprechen. Der alte Mergel war das Gespenst des Brederholzes geworden; einen Betrunkenen führte er als Irrlicht bei einem Haar in den Zellerkolk (Teich); die Hirtenknaben, wenn sie nachts bei ihren Feuern kauerten und die Eulen in den Gründen schrien, hörten zuweilen in abgebrochenen Tönen ganz deutlich dazwischen sein: »Hör mal an, feins Lieseken«, und ein unprivilegierter Holzhauer, der unter der breiten Eiche eingeschlafen und dem es darüber Nacht geworden war, hatte beim Erwachen sein geschwollenes blaues Gesicht durch die Zweige lauschen sehen. Friedrich musste von andern Knaben vieles darüber hören; dann heulte er, schlug um sich, stach auch einmal mit seinem Messerchen und wurde bei dieser Gelegenheit jämmerlich geprügelt. Seitdem trieb er seiner Mutter Kühe allein an das andere Ende des Tales, wo man ihn oft stundenlang in derselben Stellung im Grase liegen und den Thymian aus dem Boden rupfen sah.

Er war zwölf Jahre alt, als seine Mutter einen Besuch von ihrem jüngern Bruder erhielt, der in Brede wohnte und seit der törichten Heirat seiner Schwester ihre Schwelle nicht betreten hatte. Simon Semmler war ein kleiner, unruhiger, magerer Mann mit vor dem Kopf liegenden Fischaugen und überhaupt einem Gesicht wie ein Hecht, ein unheimlicher Geselle, bei dem dicktuende Verschlossenheit oft mit ebenso gesuchter Treuherzigkeit wechselte, der gern einen aufgeklärten Kopf vorgestellt hätte und stattdessen für einen fatalen, Händel suchenden Kerl galt, dem jeder umso lieber aus dem Wege ging, je mehr er in das Alter trat, wo ohnehin

Brederholzes → Seite 71

Zellerkolk → Seite 71

in den Gründen in den Tälern

unprivilegierter Holzhauer Holzfäller ohne Genehmigung; ironische Umschreibung für ›Holzdieb‹

Thymian niedrige Strauchpflanze, die als Gewürz und als Heilpflanze verwendet wird

Brede Bredenborn, vgl. Seite 71

dicktuende wichtigtuerische

gern einen aufgeklärten Kopf vorgestellt hätte sich gern als ein scharfsinniger, unabhängig denkender Mensch präsentiert hätte

für einen fatalen, Händel suchenden Kerl galt als ein unangenehmer, Streit suchender Kerl verschrien war

beschränkte Menschen leicht an Ansprüchen gewinnen, was sie an Brauchbarkeit verlieren. Dennoch freute sich die arme Margreth, die sonst keinen der Ihrigen mehr am Leben hatte.

»Simon, bist du da?« sagte sie, und zitterte, dass sie sich am Stuhle halten musste. »Willst du sehen, wie es mir geht und meinem schmutzigen Jungen?« – Simon betrachtete sie ernst und reichte ihr die Hand: »Du bist alt geworden, Margreth!« – Margreth seufzte: »Es ist mir derweil oft bitterlich gegangen mit allerlei Schicksalen.« – »Ja, Mädchen, zu spät gefreit, hat immer gereut! Jetzt bist du alt und das Kind ist klein. Jedes Ding hat seine Zeit. Aber wenn ein altes Haus brennt, dann hilft kein Löschen.« – Über Margreths vergrämtes Gesicht flog eine Flamme so rot wie Blut.

gefreit eine Ehe eingegangen

»Aber ich höre, dein Junge ist schlau und gewichst«, fuhr Simon fort. – »Ei nun so ziemlich, und dabei fromm.« – »Hum, 's hat mal einer eine Kuh gestohlen, der hieß auch Fromm. Aber er ist still und nachdenklich, nicht wahr? er läuft nicht mit den andern Buben?« – »Er ist ein eigenes Kind«, sagte Margreth wie für sich; »es ist nicht gut.« – Simon lachte hell auf: »Dein Junge ist scheu, weil ihn die andern ein paarmal gut durchgedroschen haben. Das wird ihnen der Bursche schon wieder bezahlen. Hülsmeyer war neulich bei mir; der sagte, es ist ein Junge wie 'n Reh.«

gewichst aufgeweckt, gewieft

Welcher Mutter geht das Herz nicht auf, wenn sie ihr Kind loben hört? Der armen Margreth ward selten so wohl, jedermann nannte ihren Jungen tückisch und verschlossen. Die Tränen traten ihr in die Augen. »Ja, gottlob, er hat gerade Glieder.« – »Wie sieht er aus?« fuhr Simon fort. – »Er hat viel von dir, Simon, viel.«

rarer seltener, ganz außergewöhnlicher

Magister (lat.) Meister; Lehrer

Im Telgengrund? im Roderholze? Waldgebiete südlich von Bellersen

Teutoburger Wald vgl. Seite 5 bzw. 71 (›Gebirges‹)

Simon lachte: »Ei, das muss ein rarer Kerl sein, ich werde alle Tage schöner. An der Schule soll er sich wohl nicht verbrennen. Du lässt ihn die Kühe hüten? Ebenso gut. Es ist doch nicht halb wahr, was der Magister sagt. Aber wo hütet er? Im Telgengrund? im Roderholze? im Teutoburger Wald? auch des Nachts und früh?« – »Die ganzen Nächte durch; aber wie meinst du das?«

Simon schien dies zu überhören; er reckte den Hals zur Türe hinaus. »Ei, da kommt der Gesell! Vaterssohn! er schlenkert geradeso mit den Armen wie dein seliger Mann. Und schau mal an! wahrhaftig, der Junge hat meine blonden Haare!«

Bürsten Borsten (widerspenstigen Haare, die die Bürste nötig haben)

blöde hier: zaghaft, schüchtern

vermöge deren durch die

In der Mutter Züge kam ein heimliches, stolzes Lächeln; ihres Friedrichs blonde Locken und Simons rötliche Bürsten! Ohne zu antworten, brach sie einen Zweig von der nächsten Hecke und ging ihrem Sohne entgegen, scheinbar, eine träge Kuh anzutreiben, im Grunde aber, ihm einige rasche, halbdrohende Worte zuzuraunen; denn sie kannte seine störrische Natur, und Simons Weise war ihr heute einschüchternder vorgekommen als je. Doch ging alles über Erwarten gut; Friedrich zeigte sich weder verstockt, noch frech, vielmehr etwas blöde und sehr bemüht, dem Ohm zu gefallen. So kam es denn dahin, dass nach einer halbstündigen Unterredung Simon eine Art Adoption des Knaben in Vorschlag brachte, vermöge deren er denselben zwar nicht gänzlich seiner Mutter entziehen, aber doch über den größten Teil seiner Zeit verfügen wollte, wofür ihm dann am Ende des alten Junggesellen Erbe zufallen solle, das ihm freilich ohnedies nicht entgehen konnte. Margreth ließ sich geduldig auseinandersetzen, wie groß der Vorteil, wie gering die Entbehrung ihrerseits bei dem Handel sei. Sie wusste am besten, was eine kränkliche Witwe an der Hülfe eines zwölfjährigen Knaben entbehrt, den sie bereits gewöhnt hat, die Stelle einer Tochter zu ersetzen. Doch sie schwieg und gab sich in alles. Nur bat sie den Bruder, streng, doch nicht hart gegen den Knaben zu sein.

»Er ist gut«, sagte sie, »aber ich bin eine einsame Frau; mein Kind ist nicht, wie einer, über den Vaterhand regiert hat.« Simon nickte schlau mit dem Kopf: »Lass mich nur gewähren, wir wollen uns schon vertragen, und weißt du was? gib mir den Jungen gleich mit, ich habe zwei Säcke aus der Mühle zu holen; der kleinste ist ihm grad recht, und so lernt er mir zur Hand gehen. Komm, Fritzchen, zieh deine Holzschuh an!« – Und bald sah Margreth den beiden nach, wie sie fortschritten, Simon voran, mit seinem Gesicht die Luft durchschneidend, während ihm die Schöße des roten Rocks wie Feuerflammen nachzogen. So hatte er ziemlich das Ansehen eines feurigen Mannes, der unter dem gestohlenen Sacke büßt; Friedrich ihm nach, fein und schlank für sein Alter, mit zarten, fast edlen Zügen und langen blonden Locken, die besser gepflegt waren, als sein übriges Äußere erwarten ließ; übrigens zerlumpt, sonneverbrannt und mit dem Ausdruck der Vernachlässigung und einer gewissen rohen Melancholie in den Zügen. Dennoch war eine große Familienähnlichkeit beider nicht zu verkennen, und wie Friedrich so langsam seinem Führer nachtrat, die Blicke fest auf denselben geheftet, der ihn gerade durch das Seltsame seiner Erscheinung anzog, erinnerte er unwillkürlich an jemand, der in einem Zauberspiegel das Bild seiner Zukunft mit verstörter Aufmerksamkeit betrachtet.

Jetzt nahten die beiden sich der Stelle des Teutoburger Waldes, wo das Brederholz den Abhang des Gebirges niedersteigt und einen sehr dunkeln Grund ausfüllt. Bis jetzt war wenig gesprochen worden. Simon schien nachdenkend, der Knabe zerstreut, und beide keuchten unter ihren Säcken. Plötzlich fragte Simon: »Trinkst du gern Branntwein?« –

gab fügte

Schöße des roten Rocks → Seite 71

Ansehen Aussehen

Melancholie Schwermut

Grund Tal

Branntwein aus Weinhefen, Früchten oder Gewächsen gewonnener Schnaps

Der Knabe antwortete nicht. »Ich frage, trinkst du gern Branntwein? gibt dir die Mutter zuweilen welchen?« – »Die Mutter hat selbst keinen«, sagte Friedrich. – »So, so, desto besser! – kennst du das Holz da vor uns?« – »Das ist das Brederholz.« – »Weißt du auch, was darin vorgefallen ist?« – Friedrich schwieg. Indessen kamen sie der düstern Schlucht immer näher. »Betet die Mutter noch so viel?« hob Simon wieder an. – »Ja, jeden Abend zwei Rosenkränze.« – »So? und du betest mit?« – Der Knabe lachte halb verlegen mit einem durchtriebenen Seitenblick. – »Die Mutter betet in der Dämmerung vor dem Essen den einen Rosenkranz, dann bin ich meist noch nicht wieder da mit den Kühen, und den andern im Bette, dann schlaf ich gewöhnlich ein.« – »So, so, Geselle!«

Holz Gehölz, Waldstück, Waldung

Diese letzten Worte wurden unter dem Schirme einer weiten Buche gesprochen, die den Eingang der Schlucht überwölbte. Es war jetzt ganz finster; das erste Mondviertel stand am Himmel, aber seine schwachen Schimmer dienten nur dazu, den Gegenständen, die sie zuweilen durch eine Lücke der Zweige berührten, ein fremdartiges Ansehen zu geben. Friedrich hielt sich dicht hinter seinem Ohm; sein Odem ging schnell, und wer seine Züge hätte unterscheiden können, würde den Ausdruck einer ungeheuren, doch mehr phantastischen als furchtsamen Spannung darin wahrgenommen haben. So schritten beide rüstig voran, Simon mit dem festen Schritt des abgehärteten Wanderers, Friedrich schwankend und wie im Traum. Es kam ihm vor, als ob alles sich bewegte und die Bäume in den einzelnen Mondstrahlen bald zusammen, bald voneinander schwankten. Baumwurzeln und schlüpfrige Stellen, wo sich das Wegwasser gesammelt, machten seinen Schritt unsicher; er war einige Male nahe daran, zu fallen. Jetzt schien sich in einiger Entfernung das Dunkel zu brechen, und bald traten beide in eine ziem-

Odem Atem

phantastischen von innerlicher Erregung und gesteigerter Fantasietätigkeit herrührenden

rüstig kräftig, mit schnellem Schritt

bald … bald einmal … dann wieder

Wegwasser nicht abgeflossenes Wasser, das auf dem Pfad Pfützen bildet

lich große Lichtung. Der Mond schien klar hinein und zeigte, dass hier noch vor Kurzem die Axt unbarmherzig gewütet hatte. Überall ragten Baumstümpfe hervor, manche mehrere Fuß über der Erde, wie sie gerade in der Eile am bequemsten zu durchschneiden gewesen waren; die verpönte Arbeit musste unversehens unterbrochen worden sein, denn eine Buche lag quer über dem Pfad, in vollem Laube, ihre Zweige hoch über sich streckend und im Nachtwinde mit den noch frischen Blättern zitternd. Simon blieb einen Augenblick stehen und betrachtete den gefällten Stamm mit Aufmerksamkeit. In der Mitte der Lichtung stand eine alte Eiche, mehr breit als hoch; ein blasser Strahl, der durch die Zweige auf ihren Stamm fiel, zeigte, dass er hohl sei, was ihn wahrscheinlich vor der allgemeinen Zerstörung geschützt hatte. Hier ergriff Simon plötzlich des Knaben Arm.

»Friedrich, kennst du den Baum? Das ist die breite Eiche.« – Friedrich fuhr zusammen und klammerte sich mit kalten Händen an seinen Ohm. – »Sieh«, fuhr Simon fort, »hier haben Ohm Franz und der Hülsmeyer deinen Vater gefunden, als er in der Betrunkenheit ohne Buße und Ölung zum Teufel gefahren war.« – »Ohm, Ohm!« keuchte Friedrich. – »Was fällt dir ein? Du wirst dich doch nicht fürchten? Satan von einem Jungen, du kneipst mir den Arm! lass los, los!« – Er suchte den Knaben abzuschütteln. – »Dein Vater war übrigens eine gute Seele; Gott wird's nicht so genau mit ihm nehmen. Ich hatt' ihn so lieb wie meinen eigenen Bruder.« – Friedrich ließ den Arm seines Ohms los; beide legten schweigend den übrigen Teil des Waldes zurück und das Dorf Brede lag vor ihnen, mit seinen Lehmhütten und den einzelnen bessern Wohnungen von Ziegelsteinen, zu denen auch Simons Haus gehörte.

Fuß historisch und regional leichten Schwankungen unterworfene Maßeinheit; durchschnittlich entspricht ein Fuß gut 30 cm

verpönte verbotene, unter Strafe stehende (von lat. ›poena‹: ›Strafe‹)

ohne Buße und Ölung ohne die Sterbesakramente empfangen zu haben

kneipst kneifst

Am nächsten Abend saß Margreth schon seit einer Stunde mit ihrem Rocken vor der Tür und wartete auf ihren Knaben. Es war die erste Nacht, die sie zugebracht hatte, ohne den Atem ihres Kindes neben sich zu hören, und Friedrich kam noch immer nicht. Sie war ärgerlich und ängstlich und wusste, dass sie beides ohne Grund war. Die Uhr im Turm schlug sieben, das Vieh kehrte heim; er war noch immer nicht da und sie musste aufstehen, um nach den Kühen zu schauen. Als sie wieder in die dunkle Küche trat, stand Friedrich am Herde; er hatte sich vornübergebeugt und wärmte die Hände an den Kohlen. Der Schein spielte auf seinen Zügen und gab ihnen ein widriges Ansehen von Magerkeit und ängstlichem Zucken. Margreth blieb in der Tennentür stehen, so seltsam verändert kam ihr das Kind vor.

Rocken Spinnrocken; Stock, der als Halterung für die ungesponnene Rohfaser dient

Der Schein … des Herdfeuers

»Friedrich, wie geht's dem Ohm?« – Der Knabe murmelte einige unverständliche Worte und drängte sich dicht an die Feuermauer. – »Friedrich, hast du das Reden verlernt? Junge, tu das Maul auf! du weißt ja doch, dass ich auf dem rechten Ohr nicht gut höre.« – Das Kind erhob seine Stimme und geriet dermaßen ins Stammeln, dass Margreth es um nichts mehr begriff. – »Was sagst du? einen Gruß von Meister Semmler? wieder fort? wohin? die Kühe sind schon zu Hause. Verfluchter Junge, ich kann dich nicht verstehen. Wart, ich muss einmal sehen, ob du keine Zunge im Munde hast!« – Sie trat heftig einige Schritte vor. Das Kind sah zu ihr auf, mit dem Jammerblick eines armen, halbwüchsigen Hundes, der Schildwacht stehen lernt, und begann in der Angst mit den Füßen zu stampfen und den Rücken an der Feuermauer zu reiben.

Feuermauer Mauer, die bei einem Brand das Übergreifen des Feuers von einem Haus (oder einem Gebäudeteil) auf das nächste verhindern soll

Schildwacht Wache

Margreth stand still; ihre Blicke wurden ängstlich. Der Knabe erschien ihr wie zusammengeschrumpft, auch seine Kleider waren nicht dieselben, nein, das war ihr Kind nicht! und dennoch – »Friedrich, Friedrich!« rief sie.

In der Schlafkammer klappte eine Schranktür und der Gerufene trat hervor, in der einen Hand eine sogenannte Holzschenvioline, d. h. einen alten Holzschuh, mit drei bis vier zerschabten Geigensaiten überspannt, in der andern einen Bogen, ganz des Instruments würdig. So ging er gerade auf sein verkümmertes Spiegelbild zu, seinerseits mit einer Haltung bewusster Würde und Selbstständigkeit, die in diesem Augenblicke den Unterschied zwischen beiden sonst merkwürdig ähnlichen Knaben stark hervortreten ließ.

»Da, Johannes!« sagte er und reichte ihm mit einer Gönnermiene das Kunstwerk; »da ist die Violine, die ich dir versprochen habe. Mein Spielen ist vorbei, ich muss jetzt Geld verdienen.« – Johannes warf noch einmal einen scheuen Blick auf Margreth, streckte dann langsam seine Hand aus, bis er das Dargebotene fest ergriffen hatte, und brachte es wie verstohlen unter die Flügel seines armseligen Jäckchens.

Margreth stand ganz still und ließ die Kinder gewähren. Ihre Gedanken hatten eine andere, sehr ernste Richtung genommen, und sie blickte mit unruhigem Auge von einem auf den andern. Der fremde Knabe hatte sich wieder über die Kohlen gebeugt mit einem Ausdruck augenblicklichen Wohlbehagens, der an Albernheit grenzte, während in Friedrichs Zügen der Wechsel eines offenbar mehr selbstischen als gutmütigen Mitgefühls spielte und sein Auge in fast glasartiger Klarheit zum ersten Male bestimmt den Ausdruck jenes ungebändigten Ehrgeizes und Hanges zum Großtun zeigte, der nachher als so starkes Motiv seiner meisten Handlungen hervortrat. Der Ruf seiner Mutter störte ihn aus Gedanken, die ihm ebenso neu als angenehm waren. Sie saß wieder am Spinnrade.

Albernheit Einfältigkeit, Stumpfsinn

selbstischen selbstbezogenen, egoistischen

»Friedrich«, sagte sie zögernd, »sag einmal –« und schwieg dann. Friedrich sah auf und wandte sich, da er nichts weiter vernahm, wieder zu seinem Schützling. »Nein, höre –« und dann leiser: »was ist das für ein Junge? wie heißt er?« – Friedrich antwortete ebenso leise: »Das ist des Ohms Simon Schweinehirt, der eine Botschaft an den Hülsmeyer hat. Der Ohm hat mir ein Paar Schuhe und eine Weste von Drillich gegeben; die hat mir der Junge unterwegs getragen; dafür hab' ich ihm meine Violine versprochen; er ist ja doch ein armes Kind; Johannes heißt er.« – »Nun –?« sagte Margreth. – »Was willst du, Mutter?« – »Wie heißt er weiter?« – »Ja – weiter nicht – oder, warte – doch: Niemand, Johannes Niemand heißt er. – Er hat keinen Vater«, fügte er leiser hinzu.

Drillich grober, strapazierfähiger Stoff

Margreth stand auf und ging in die Kammer. Nach einer Weile kam sie heraus, mit einem harten, finstern Ausdruck in den Mienen. – »So, Friedrich«, sagte sie, »lass den Jungen gehen, dass er seine Bestellung machen kann. – Junge, was liegst du da in der Asche? hast du zu Hause nichts zu tun?« – Der Knabe raffte sich mit der Miene eines Verfolgten so eilfertig auf, dass ihm alle Glieder im Wege standen und die Holschenvioline bei einem Haar ins Feuer gefallen wäre.

bei einem Haar um ein Haar

»Warte, Johannes«, sagte Friedrich stolz, »ich will dir mein halbes Butterbrot geben, es ist mir doch zu groß, die Mutter schneidet allemal übers ganze Brot.« – »Lass doch«, sagte Margreth, »er geht ja nach Hause.« – »Ja, aber er bekommt nichts mehr; Ohm Simon isst um sieben Uhr.« Margreth wandte sich zu dem Knaben: »Hebt man dir nichts auf? Sprich, wer sorgt für dich?« – »Niemand«, stotterte das Kind. – »Niemand?« wiederholte sie; »da nimm, nimm!« fügte sie heftig hinzu; »du heißt Niemand und niemand sorgt für dich! Das sei Gott geklagt! Und nun mach dich fort! Friedrich, geh nicht mit ihm, hörst du, geht nicht zusammen durchs Dorf.« – »Ich will ja nur Holz holen aus dem Schuppen«, antwortete Friedrich. – Als beide Knaben fort waren, warf sich Margreth auf einen Stuhl und schlug die Hände

schneidet allemal übers ganze Brot vermutlich: teilt mir immer besonders große Portionen zu

Das sei Gott geklagt! auch: Gott sei's geklagt! Floskel mit der Bedeutung ›leider!‹

mit dem Ausdruck des tiefsten Jammers zusammen. Ihr Gesicht war bleich wie ein Tuch. »Ein falscher Eid, ein falscher Eid!« stöhnte sie. »Was ist's? Simon, Simon, wie willst du vor Gott bestehen!«

So saß sie eine Weile, starr mit geklemmten Lippen, wie in völliger Geistesabwesenheit. Friedrich stand vor ihr und hatte sie schon zweimal angeredet. »Was ist's? was willst du?« rief sie auffahrend. – »Ich bringe Euch Geld«, sagte er, mehr erstaunt als erschreckt. – »Geld? wo?« Sie regte sich und die kleine Münze fiel klingend auf den Boden. Friedrich hob sie auf. »Geld vom Ohm Simon, weil ich ihm habe arbeiten helfen. Ich kann mir nun selber was verdienen.« – »Geld vom Simon? wirf's fort, fort! – nein, gib's den Armen. Doch, nein, behalt's«, flüsterte sie kaum hörbar; »wir sind selber arm. Wer weiß, ob wir bei dem Betteln vorbeikommen!« – »Ich soll Montag wieder zum Ohm und ihm bei der Einsaat helfen.« – »Du wieder zu ihm? nein, nein, nimmermehr!« – Sie umfasste ihr Kind mit Heftigkeit. – »Doch«, fügte sie hinzu, und ein Tränenstrom stürzte ihr plötzlich über die eingefallenen Wangen; »geh, er ist mein einziger Bruder, und die Verleumdung ist groß! Aber halt Gott vor Augen und vergiss das tägliche Gebet nicht!«

geklemmten zusammengepressten

ob wir bei dem Betteln vorbeikommen ob uns das Betteln erspart bleiben wird

die Verleumdung ist groß! es gibt viel Verleumdung, viel üble Nachrede!

Margreth legte das Gesicht an die Mauer und weinte laut. Sie hatte manche harte Last getragen, ihres Mannes üble Behandlung, noch schwerer seinen Tod, und es war eine bittere Stunde, als die Witwe das letzte Stück Ackerland einem Gläubiger zur Nutznießung überlassen musste und der Pflug vor ihrem Hause stillestand. Aber so war ihr nie zu Mute gewesen; dennoch, nachdem sie einen Abend durchgeweint, eine Nacht durchwacht hatte, war sie dahin gekommen, zu denken, ihr Bruder Simon könne so gottlos nicht sein, der Knabe gehöre gewiss nicht ihm, Ähnlichkeiten wollen nichts beweisen. Hatte sie doch selbst vor vierzig Jahren ein Schwesterchen verloren, das genau dem fremden Hechelkrämer glich. Was glaubt man nicht gern, wenn man so wenig hat und durch Unglauben dies wenige verlieren soll!

wollen könnten

Hechelkrämer Hausierer; der Hechel ist ein Kamm zum Ordnen von Flachs- und Hanffasern.

Von dieser Zeit an war Friedrich selten mehr zu Hause. Simon schien alle wärmern Gefühle, deren er fähig war, dem Schwestersohn zugewendet zu haben; wenigstens vermisste er ihn sehr und ließ nicht nach mit Botschaften, wenn ein häusliches Geschäft ihn auf einige Zeit bei der Mutter hielt. Der Knabe war seitdem wie verwandelt, das träumerische Wesen gänzlich von ihm gewichen, er trat fest auf, fing an, sein Äußeres zu beachten und bald in den Ruf eines hübschen, gewandten Burschen zu kommen. Sein Ohm, der nicht wohl ohne Projekte leben konnte, unternahm mitunter ziemlich bedeutende öffentliche Arbeiten, z. B. beim Wegbau, wobei Friedrich für einen seiner besten Arbeiter und überall als seine rechte Hand galt; denn obgleich dessen Körperkräfte noch nicht ihr volles Maß erreicht hatten, kam ihm doch nicht leicht jemand an Ausdauer gleich. Margreth hatte bisher ihren Sohn nur geliebt, jetzt fing sie an, stolz auf ihn zu werden und sogar eine Art Hochachtung vor ihm zu fühlen, da sie den jungen Menschen so ganz ohne ihr Zutun sich entwickeln sah, sogar ohne ihren Rat, den sie, wie die

für einen als einer

meisten Menschen, für unschätzbar hielt und deshalb die Fähigkeiten nicht hoch genug anzuschlagen wusste, die eines so kostbaren Förderungsmittels entbehren konnten.

In seinem achtzehnten Jahre hatte Friedrich sich bereits einen bedeutenden Ruf in der jungen Dorfwelt gesichert, durch den Ausgang einer Wette, infolge deren er einen erlegten Eber über zwei Meilen weit auf seinem Rücken trug, ohne abzusetzen. Indessen war der Mitgenuss des Ruhms auch so ziemlich der einzige Vorteil, den Margreth aus diesen günstigen Umständen zog, da Friedrich immer mehr auf sein Äußeres verwandte und allmählich anfing, es schwer zu verdauen, wenn Geldmangel ihn zwang, irgendjemand im Dorf darin nachzustehen. Zudem waren alle seine Kräfte auf den auswärtigen Erwerb gerichtet; zu Hause schien ihm, ganz im Widerspiel mit seinem sonstigen Rufe, jede anhaltende Beschäftigung lästig, und er unterzog sich lieber einer harten, aber kurzen Anstrengung, die ihm bald erlaubte, seinem frühern Hirtenamte wieder nachzugehen, was bereits begann, seinem Alter unpassend zu werden, und ihm gelegentlichen Spott zuzog, vor dem er sich aber durch ein paar derbe Zurechtweisungen mit der Faust Ruhe verschaffte. So gewöhnte man sich daran, ihn bald geputzt und fröhlich als anerkannten Dorfelegant an der Spitze des jungen Volks zu sehen, bald wieder als zerlumpten Hirtenbuben einsam und träumerisch hinter den Kühen herschleichend, oder in einer Waldlichtung liegend, scheinbar gedankenlos und das Moos von den Bäumen rupfend.

Um diese Zeit wurden die schlummernden Gesetze doch einigermaßen aufgerüttelt durch eine Bande von Holzfrevlern, die unter dem Namen der Blaukittel alle ihre Vorgänger so weit an List und Frechheit übertraf, dass es dem Langmütigsten zu viel werden musste. Ganz gegen den gewöhnlichen Stand der Dinge, wo man die stärksten Böcke der Her-

zwei Meilen etwa 15 km

Widerspiel mit Gegensatz zu

bald … bald zuweilen … bei anderer Gelegenheit

Dorfelegant aus dem Französischen abgeleitete Bezeichnung für einen ›Stutzer,‹ einen geckenhaft modisch gekleideten Menschen

dem Langmütigsten dem Geduldigsten, Nachsichtigsten

auch nur ein Individuum namhaft zu machen auch nur eine verdächtige Person zu ermitteln

verheerten verwüsteten

Wanderraupe → Seite 71

Topholz wertloses Holz aus dem Wipfel des Baums

notorisch wie allgemein bekannt und zweifelsfrei belegt

de mit dem Finger bezeichnen konnte, war es hier trotz aller Wachsamkeit bisher nicht möglich gewesen, auch nur ein Individuum namhaft zu machen. Ihre Benennung erhielten sie von der ganz gleichförmigen Tracht, durch die sie das Erkennen erschwerten, wenn etwa ein Förster noch einzelne Nachzügler im Dickicht verschwinden sah. Sie verheerten alles wie die Wanderraupe, ganze Waldstrecken wurden in einer Nacht gefällt und auf der Stelle fortgeschafft, sodass man am andern Morgen nichts fand, als Späne und wüste Haufen von Topholz, und der Umstand, dass nie Wagenspuren einem Dorfe zuführten, sondern immer vom Flusse her und dorthin zurück, bewies, dass man unter dem Schutz und vielleicht mit dem Beistande der Schiffeigentümer handelte. In der Bande mussten sehr gewandte Spione sein, denn die Förster konnten wochenlang umsonst wachen; in der ersten Nacht, gleichviel, ob stürmisch oder mondhell, wo sie vor Übermüdung nachließen, brach die Zerstörung ein. Seltsam war es, dass das Landvolk umher ebenso unwissend und gespannt schien, als die Förster selber. Von einigen Dörfern ward mit Bestimmtheit gesagt, dass sie nicht zu den Blaukitteln gehörten, aber keines konnte als dringend verdächtig bezeichnet werden, seit man das verdächtigste von allen, das Dorf B., freisprechen musste. Ein Zufall hatte dies bewirkt, eine Hochzeit, auf der fast alle Bewohner dieses Dorfes notorisch die Nacht zugebracht hatten, während zu eben dieser Zeit die Blaukittel eine ihrer stärksten Expeditionen ausführten.

Der Schaden in den Forsten war indes allzu groß, deshalb wurden die Maßregeln dagegen auf eine bisher unerhörte Weise gesteigert; Tag und Nacht wurde patrouilliert, Ackerknechte, Hausbediente mit Gewehren versehen und den Forstbeamten zugesellt. Dennoch war der Erfolg nur gering und die Wächter hatten oft kaum das eine Ende des Forstes verlassen, wenn die Blaukittel schon zum andern einzogen. Das währte länger als ein volles Jahr, Wächter und Blaukittel, Blaukittel und Wächter, wie Sonne und Mond, immer abwechselnd im Besitz des Terrains und nie zusammentreffend.

Terrains (lat., franz.) Gebiets, Geländes

Es war im Juli 1756 früh um drei; der Mond stand klar am Himmel, aber sein Glanz fing an zu ermatten und im Osten zeigte sich bereits ein schmaler gelber Streif, der den Horizont besäumte und den Eingang einer engen Talschlucht wie mit einem Goldbande schloss. Friedrich lag im Grase, nach seiner gewohnten Weise, und schnitzelte an einem Weidenstabe, dessen knotigem Ende er die Gestalt eines ungeschlachten Tieres zu geben versuchte. Er sah übermüdet aus, gähnte, ließ mitunter seinen Kopf an einem verwitterten Stammknorren ruhen und Blicke, dämmeriger als der Horizont, über den mit Gestrüpp und Aufschlag fast verwachsenen Eingang des Grundes streifen. Ein paarmal belebten sich seine Augen und nahmen den ihnen eigentümlichen glasartigen Glanz an, aber gleich nachher schloss er sie wieder halb und gähnte und dehnte sich, wie es nur faulen Hirten erlaubt ist. Sein Hund lag in einiger Entfernung nah bei den Kühen, die unbekümmert um die Forstgesetze ebenso oft den jungen Baumspitzen als dem Grase zusprachen und in die frische Morgenluft schnaubten. Aus dem Walde drang von Zeit zu Zeit ein dumpfer, krachender Schall; der Ton hielt nur einige Sekunden an, begleitet von einem langen Echo an den Bergwänden und wiederholte sich etwa alle fünf bis acht Minuten. Friedrich achtete nicht darauf; nur zuweilen, wenn das Getöse ungewöhnlich stark oder anhaltend war, hob er den Kopf und ließ seine Blicke langsam über die verschiedenen Pfade gleiten, die ihren Ausgang in dem Talgrunde fanden.

ungeschlachten klobigen, massigen

Stammknorren Baumstumpf

Aufschlag jungem Holzaufwuchs

zusprachen davon fraßen

Es fing bereits stark zu dämmern an; die Vögel begannen leise zu zwitschern und der Tau stieg fühlbar aus dem Grunde. Friedrich war an dem Stamm hinabgeglitten und starrte, die Arme über den Kopf verschlungen in das leise einschleichende Morgenrot. Plötzlich fuhr er auf: über sein Gesicht fuhr ein Blitz, er horchte einige Sekunden mit vorgebeugtem Oberleib wie ein Jagdhund, dem die Luft Witterung zuträgt.

Dann schob er schnell zwei Finger in den Mund und pfiff gellend und anhaltend. – »Fidel, du verfluchtes Tier!« – Ein Steinwurf traf die Seite des unbesorgten Hundes, der, vom Schlafe aufgeschreckt, zuerst um sich biss und dann heulend auf drei Beinen dort Trost suchte, von wo das Übel ausgegangen war. In demselben Augenblicke wurden die Zweige eines nahen Gebüsches fast ohne Geräusch zurückgeschoben und ein Mann trat heraus, im grünen Jagdrock, den silbernen Wappenschild am Arm, die gespannte Büchse in der Hand. Er ließ schnell seine Blicke über die Schlucht fahren und sie dann mit besonderer Schärfe auf dem Knaben verweilen, trat dann vor, winkte nach dem Gebüsch, und allmählich wurden sieben bis acht Männer sichtbar, alle in ähnlicher Kleidung, Waidmesser im Gürtel und die gespannten Gewehre in der Hand.

»Friedrich, was war das?« fragte der zuerst Erschienene. – »Ich wollte, dass der Racker auf der Stelle krepierte. Seinetwegen können die Kühe mir die Ohren vom Kopf fressen.« – »Die Canaille hat uns gesehen«, sagte ein anderer. – »Morgen sollst du auf die Reise mit einem Stein am Halse«, fuhr Friedrich fort und stieß nach dem Hunde. – »Friedrich, stell dich nicht an wie ein Narr! Du kennst mich und du verstehst mich auch!« – Ein Blick begleitete diese Worte, der schnell wirkte. – »Herr Brandis, denkt an meine Mutter!« – »Das tu ich. Hast du nichts im Walde gehört?« – »Im Walde?« – Der Knabe warf einen raschen Blick auf des Försters Gesicht. – »Eure Holzfäller, sonst nichts.« – »Meine Holzfäller!«

Die ohnehin dunkle Gesichtsfarbe des Försters ging in tiefes Braunrot über. »Wie viele sind ihrer, und wo treiben sie ihr Wesen?« – »Wohin Ihr sie geschickt habt; ich weiß es nicht.« – Brandis wandte sich zu seinen Gefährten: »Geht voran; ich komme gleich nach.«

den silbernen Wappenschild am Arm vermutlich ein Zeichen seiner Zugehörigkeit zum Personal des Barons

die gespannte Büchse das schussbereite Gewehr

Waidmesser Jagdmesser

Canaille (frz.) Schurke

Als einer nach dem andern im Dickicht verschwunden war, trat Brandis dicht vor den Knaben: »Friedrich«, sagte er mit dem Ton unterdrückter Wut, »meine Geduld ist zu Ende; ich möchte dich prügeln wie einen Hund, und mehr seid ihr auch nicht wert. Ihr Lumpenpack, dem kein Ziegel auf dem Dach gehört! Bis zum Betteln habt ihr es, gottlob, bald gebracht, und an meiner Tür soll deine Mutter, die alte Hexe, keine verschimmelte Brotrinde bekommen. Aber vorher sollt ihr mir noch beide ins Hundeloch!«

Hundeloch gemeint ist vermutlich: ›Gefängnis‹

Friedrich griff krampfhaft nach einem Aste. Er war totenbleich und seine Augen schienen wie Kristallkugeln aus dem Kopfe schießen zu wollen. Doch nur einen Augenblick. Dann kehrte die größte, an Erschlaffung grenzende Ruhe zurück. – »Herr«, sagte er fest, mit fast sanfter Stimme; »Ihr habt gesagt, was Ihr nicht verantworten könnt, und ich vielleicht auch. Wir wollen es gegeneinander aufgehen lassen, und nun will ich Euch sagen, was Ihr verlangt. Wenn Ihr die Holzfäller nicht selbst bestellt habt, so müssen es die Blaukittel sein; denn aus dem Dorfe ist kein Wagen gekommen; ich habe den Weg ja vor mir, und vier Wagen sind es. Ich habe sie nicht gesehen, aber den Hohlweg hinauffahren hören.« – Er stockte einen Augenblick. – »Könnt Ihr sagen, dass ich je einen Baum in Eurem Revier gefällt habe? überhaupt, dass ich je anderwärts gehauen habe, als auf Bestellung? Denkt nach, ob Ihr das sagen könnt?«

gegeneinander aufgehen lassen gegeneinander aufrechnen (im Sinne von: es gleicht sich aus)

Ein verlegenes Murmeln war die ganze Antwort des Försters, der nach Art der meisten rauhen Menschen leicht bereute. Er wandte sich unwirsch und schritt dem Gebüsche zu. – »Nein, Herr«, rief Friedrich, »wenn Ihr zu den andern Förstern wollt, die sind dort an der Buche hinaufgegangen.« – »An der Buche?« sagte Brandis zweifelhaft, »nein, dort hinüber, nach dem Mastergrunde.« – »Ich sage Euch, an der Buche; des langen Heinrich Flintenriemen blieb noch am krummen Ast dort hängen; ich hab's ja gesehen!«

Der Förster schlug den bezeichneten Weg ein. Friedrich hatte die ganze Zeit hindurch seine Stellung nicht verlassen, halb liegend, den Arm um einen dürren Ast geschlungen, sah er dem Fortgehenden unverrückt nach, wie er durch den halbverwachsenen Steig glitt, mit den vorsichtigen weiten Schritten seines Metiers, so geräuschlos wie ein Fuchs die Hühnerstiege erklimmt. Hier sank ein Zweig hinter ihm, dort einer; die Umrisse seiner Gestalt schwanden immer mehr. Da blitzte es noch einmal durchs Laub. Es war ein Stahlknopf seines Jagdrocks; nun war er fort. Friedrichs Gesicht hatte während dieses allmählichen Verschwindens den Ausdruck seiner Kälte verloren und seine Züge schienen zuletzt unruhig bewegt. Gereute es ihn vielleicht, den Förster nicht um Verschweigung seiner Angaben gebeten zu haben? Er ging einige Schritte voran, blieb dann stehen. »Es ist zu spät«, sagte er vor sich hin und griff nach seinem Hute. Ein leises Picken im Gebüsche, nicht zwanzig Schritte von ihm. Es war der Förster, der den Flintenstein schärfte. Friedrich horchte. – »Nein!« sagte er dann mit entschlossenem Tone, raffte seine Siebensachen zusammen und trieb das Vieh eilfertig die Schlucht entlang.

Um Mittag saß Frau Margreth am Herd und kochte Tee. – Friedrich war krank heimgekommen, er klagte über heftige Kopfschmerzen und hatte auf ihre besorgte Nachfrage er-

zweifelhaft zweifelnd

nach dem Mastergrunde auf das Masterholz (vgl. S. 32, Z. 31) zu (vgl. auch S. 71, ›Brederholzes‹)

unverrückt ohne auch nur einmal den Kopf zu wenden

Steig enger, nur von einem Fußgänger passierbarer Weg durch unebenes Gelände

Metiers (frz.) Berufs

Flintenstein bearbeiteter Feuerstein, der auf das Flintenschloss eines Steinschlossgewehrs geschraubt ist

zählt, wie er sich schwer geärgert über den Förster; kurz den ganzen eben beschriebenen Vorgang, mit Ausnahme einiger Kleinigkeiten, die er besser fand, für sich zu behalten. Margreth sah schweigend und trübe in das siedende Wasser. Sie war es wohl gewohnt, ihren Sohn mitunter klagen zu hören, aber heute kam er ihr so angegriffen vor, wie sonst nie. Sollte wohl eine Krankheit im Anzuge sein? sie seufzte tief und ließ einen eben ergriffenen Holzblock fallen.

»Mutter!« rief Friedrich aus der Kammer. – »Was willst du?« – »War das ein Schuss?« – »Ach nein, ich weiß nicht, was du meinst.« – »Es pocht mir wohl nur so im Kopfe«, versetzte er.

Die Nachbarin trat herein und erzählte mit leisem Flüstern irgendeine unbedeutende Klatscherei, die Margreth ohne Teilnahme anhörte. Dann ging sie. – »Mutter!« rief Friedrich. Margreth ging zu ihm hinein. »Was erzählte die Hülsmeyer?« – »Ach gar nichts, Lügen, Wind!« – Friedrich richtete sich auf. – »Von der Gretchen Siemers; du weißt ja wohl die alte Geschichte; und ist doch nichts Wahres dran.« – Friedrich legte sich wieder hin. »Ich will sehen, ob ich schlafen kann«, sagte er.

Wind leeres Gerede, Gerüchte (vgl. die Redewendung ›von etwas Wind bekommen‹)

Margreth saß am Herde; sie spann und dachte wenig Erfreuliches. Im Dorfe schlug es halb zwölf; die Türe klinkte und der Gerichtsschreiber Kapp trat herein. – »Guten Tag, Frau Mergel«, sagte er; »könnt Ihr mir einen Trunk Milch geben? Ich komme von M.« – Als Frau Mergel das Verlangte brachte, fragte er: »Wo ist Friedrich?« Sie war gerade beschäftigt, einen Teller hervorzulangen und überhörte die Frage. Er trank zögernd und in kurzen Absätzen. »Wisst Ihr wohl«, sagte er dann, »dass die Blaukittel in dieser Nacht wieder im Masterholze eine ganze Strecke so kahl gefegt haben, wie meine Hand?« – »Ei, du frommer Gott!« versetzte sie gleichgültig. »Die Schandbuben«, fuhr der Schreiber fort,

die Türe klinkte die Türklinke wurde von außen heruntergedrückt

»ruinieren alles; wenn sie noch Rücksicht nähmen auf das junge Holz, aber Eichenstämmchen wie mein Arm dick, wo nicht einmal eine Ruderstange drinsteckt! Es ist, als ob ihnen andrer Leute Schaden ebenso lieb wäre wie ihr Profit!« – »Es ist schade!« sagte Margreth.

Der Amtsschreiber hatte getrunken und ging noch immer nicht. Er schien etwas auf dem Herzen zu haben. »Habt Ihr nichts von Brandis gehört?« fragte er plötzlich. – »Nichts; er kommt niemals hier ins Haus.« – »So wisst Ihr nicht, was ihm begegnet ist?« – »Was denn?« fragte Margreth gespannt. – »Er ist tot!« – »Tot!« rief sie, »was, tot? Um Gottes willen! er ging ja noch heute Morgen ganz gesund hier vorüber mit der Flinte auf dem Rücken!« – »Er ist tot«, wiederholte der Schreiber, sie scharf fixierend; »von den Blaukitteln erschlagen. Vor einer Viertelstunde wurde die Leiche ins Dorf gebracht.«

begegnet widerfahren, zugestoßen

Margreth schlug die Hände zusammen. – »Gott im Himmel, geh nicht mit ihm ins Gericht! er wusste nicht, was er tat!« – »Mit ihm!« rief der Amtsschreiber, »mit dem verfluchten Mörder, meint Ihr?« Aus der Kammer drang ein schweres Stöhnen. Margreth eilte hin und der Schreiber folgte ihr. Friedrich saß aufrecht im Bette, das Gesicht in die Hände gedrückt und ächzte wie ein Sterbender. – »Friedrich, wie ist dir?« sagte die Mutter. – »Wie ist dir?« wiederholte der Amtsschreiber. – »O mein Leib, mein Kopf!« jammerte er. – »Was fehlt ihm?« – »Ach, Gott weiß es«, versetzte sie; »er ist schon um vier mit den Kühen heimgekommen, weil ihm so übel war. – Friedrich – Friedrich, antworte doch, soll ich zum Doktor?« – »Nein, nein«, ächzte er, »es ist nur Kolik, es wird schon besser.«

Kolik krampfartige Leibschmerzen

Er legte sich zurück; sein Gesicht zuckte krampfhaft vor Schmerz; dann kehrte die Farbe wieder. – »Geht«, sagte er matt; »ich muss schlafen, dann geht's vorüber.« – »Frau

zu Hause nach Hause

Absolution Freisprechung, Sündenvergebung (vgl. auch S. 19, Z. 20)

auf für

Mergel«, sagte der Amtsschreiber ernst, »ist es gewiss, dass Friedrich um vier zu Hause kam und nicht wieder fortging?« – Sie sah ihn starr an. – »Fragt jedes Kind auf der Straße. Und fortgehen? – wollte Gott, er könnt' es!« – »Hat er Euch nichts von Brandis erzählt?« – »In Gottes Namen, ja, dass er ihn im Walde geschimpft und unsere Armut vorgeworfen hat, der Lump! – Doch Gott verzeih mir, er ist tot! – Geht!« fuhr sie heftig fort; »seid Ihr gekommen, um ehrliche Leute zu beschimpfen? Geht!« – Sie wandte sich wieder zu ihrem Sohne; der Schreiber ging. – »Friedrich, wie ist dir?« sagte die Mutter; »hast du wohl gehört? schrecklich, schrecklich! ohne Beichte und Absolution!« – »Mutter, Mutter, um Gottes willen lass mich schlafen; ich kann nicht mehr!«

In diesem Augenblick trat Johannes Niemand in die Kammer; dünn und lang wie eine Hopfenstange, aber zerlumpt und scheu wie wir ihn vor fünf Jahren gesehen. Sein Gesicht war noch bleicher als gewöhnlich. »Friedrich«, stotterte er, »du sollst sogleich zum Ohm kommen; er hat Arbeit für dich; aber sogleich.« – Friedrich drehte sich gegen die Wand. – »Ich komme nicht«, sagte er barsch, »ich bin krank.« – »Du musst aber kommen«, keuchte Johannes; »er hat gesagt, ich müsste dich mitbringen.« – Friedrich lachte höhnisch auf: »das will ich doch sehen!« – »Lass ihn in Ruhe, er kann nicht«, seufzte Margreth, »du siehst ja, wie es steht.« – Sie ging auf einige Minuten hinaus; als sie zurückkam, war Friedrich bereits angekleidet. – »Was fällt dir ein?« rief sie, »du kannst, du sollst nicht gehen!« – »Was sein muss, schickt sich wohl«, versetzte er und war schon zur Türe hinaus mit Johannes. – »Ach Gott«, seufzte die Mutter, »wenn die Kinder klein sind, treten sie uns in den Schoß, und wenn sie groß sind, ins Herz!«

Die gerichtliche Untersuchung hatte ihren Anfang genommen, die Tat lag klar am Tage; über den Täter aber waren die Anzeigen so schwach, dass, obschon alle Umstände die Blaukittel dringend verdächtigten, man doch nicht mehr als Mutmaßungen wagen konnte. Eine Spur schien Licht geben zu wollen: doch rechnete man aus Gründen wenig darauf. Die Abwesenheit des Gutsherrn hatte den Gerichtschreiber genötigt, auf eigene Hand die Sache einzuleiten. Er saß am Tische; die Stube war gedrängt voll von Bauern, teils neugierigen, teils solchen, von denen man in Ermangelung eigentlicher Zeugen einigen Aufschluss zu erhalten hoffte. Hirten, die in derselben Nacht gehütet, Knechte, die den Acker in der Nähe bestellt, alle standen stramm und fest, die Hände in den Taschen, gleichsam als stillschweigende Erklärung, dass sie nicht einzuschreiten gesonnen seien. Acht Forstbeamte wurden vernommen. Ihre Aussagen waren völlig gleichlautend: Brandis habe sie am Zehnten abends zur Runde bestellt, da ihm von einem Vorhaben der Blaukittel müsse Kunde zugekommen sein; doch habe er sich nur unbestimmt darüber geäußert. Um zwei Uhr in der Nacht seien sie ausgezogen und auf manche Spuren der Zerstörung gestoßen, die den Oberförster sehr übel gestimmt; sonst sei alles still gewesen. Gegen vier Uhr habe Brandis gesagt: »wir sind angeführt, lasst uns heimgehen.« – Als sie nun um den Bremerberg gewendet und zugleich der Wind umgeschlagen, habe man deutlich im Masterholz fällen gehört und aus der schnellen Folge der Schläge geschlossen, dass die Blaukittel am Werk seien. Man habe nun eine Weile beratschlagt, ob es tunlich sei, mit so geringer Macht die kühne Bande anzugreifen, und sich dann ohne bestimmten Entschluss dem Schalle langsam genähert. Nun folgte der Auftritt mit Friedrich. Ferner: nachdem Brandis sie ohne Weisung fortgeschickt, seien sie eine Weile vorangeschritten und dann, als sie bemerkt, dass

Anzeigen Anzeichen, Indizien

angeführt vorgeführt, ins Bockshorn gejagt worden

tunlich ratsam, angebracht

Auftritt Zwischenfall, Auseinandersetzung

das Getöse im noch ziemlich weit entfernten Walde gänzlich aufgehört, stillegestanden, um den Oberförster zu erwarten. Die Zögerung habe sie verdrossen, und nach etwa zehn Minuten seien sie weitergegangen und so bis an den Ort der Verwüstung. Alles sei vorüber gewesen, kein Laut mehr im Walde, von zwanzig gefällten Stämmen noch acht vorhanden, die übrigen bereits fortgeschafft. Es sei ihnen unbegreiflich, wie man dieses ins Werk gestellt, da keine Wagenspuren zu finden gewesen. Auch habe die Dürre der Jahreszeit und der mit Fichtennadeln bestreute Boden keine Fußstapfen unterscheiden lassen, obgleich der Grund ringsumher wie festgestampft war. Da man nun überlegt, dass es zu nichts nützen könne, den Oberförster zu erwarten, sei man rasch der andern Seite des Waldes zugeschritten, in der Hoffnung, vielleicht noch einen Blick von den Frevlern zu erhaschen. Hier habe sich einem von ihnen beim Ausgange des Waldes die Flaschenschnur in Brombeerranken verstrickt, und als er umgeschaut, habe er etwas im Gestrüpp blitzen sehen; es war die Gurtschnalle des Oberförsters, den man nun hinter den Ranken liegend fand, grad ausgestreckt, die rechte Hand um den Flintenlauf geklemmt, die andere geballt und die Stirn von einer Axt gespalten.

Zögerung Verzögerung

ins Werk gestellt bewerkstelligt habe

Dies waren die Aussagen der Förster; nun kamen die Bauern an die Reihe, aus denen jedoch nichts zu bringen war. Manche behaupteten, um vier Uhr noch zu Hause oder anderswo beschäftigt gewesen zu sein, und keiner wollte etwas bemerkt haben. Was war zu machen? sie waren sämtlich angesessene, unverdächtige Leute. Man musste sich mit ihren negativen Zeugnissen begnügen.

zu bringen herauszubringen

Zeugnissen Zeugenaussagen

Friedrich ward hereingerufen. Er trat ein mit einem Wesen, das sich durchaus nicht von seinem gewöhnlichen unterschied, weder gespannt noch keck. Das Verhör währte ziemlich lange und die Fragen waren mitunter ziemlich schlau gestellt; er beantwortete sie jedoch alle offen und bestimmt und erzählte den Vorgang zwischen ihm und dem Oberförster ziemlich der Wahrheit gemäß, bis auf das Ende, das er geratener fand, für sich zu behalten. Sein Alibi zur Zeit des Mordes war leicht erwiesen. Der Förster lag am Ausgange des Masterholzes; über drei Viertelstunden Weges von der Schlucht, in der er Friedrich um vier Uhr angeredet und aus der dieser seine Herde schon zehn Minuten später ins Dorf getrieben. Jedermann hatte dies gesehen; alle anwesenden Bauern beeiferten sich, es zu bezeugen; mit diesem hatte er geredet, jenem zugenickt.

Der Gerichtsschreiber saß unmutig und verlegen da. Plötzlich fuhr er mit der Hand hinter sich und brachte etwas Blinkendes vor Friedrichs Auge. »Wem gehört dies?« – Friedrich sprang drei Schritt zurück. »Herr Jesus! ich dachte Ihr wolltet mir den Schädel einschlagen.« Seine Augen waren rasch über das tödliche Werkzeug gefahren und schienen momentan auf einem ausgebrochenen Splitter am Stiele zu haften. »Ich weiß es nicht«, sagte er fest. – Es war die Axt, die man in dem Schädel des Oberförsters eingeklammert gefunden hatte. – »Sieh sie genau an«, fuhr der Gerichtschreiber fort. Friedrich fasste sie mit der Hand, besah sie oben, unten, wandte sie um. »Es ist eine Axt wie andere«, sagte er dann und legte sie gleichgültig auf den Tisch. Ein Blutfleck ward sichtbar; er schien zu schaudern, aber er wiederholte noch einmal sehr bestimmt: »Ich kenne sie nicht.« Der Gerichtschreiber seufzte vor Unmut. Er selbst wusste um nichts mehr, und hatte nur einen Versuch zu möglicher Entdeckung durch Überraschung machen wollen. Es blieb nichts übrig, als das Verhör zu schließen.

momentan für einen kurzen Moment

Denjenigen, die vielleicht auf den Ausgang dieser Begebenheit gespannt sind, muss ich sagen, dass diese Geschichte nie aufgeklärt wurde, obwohl noch viel dafür geschah und

mehrere weitere

Corpus delicti (lat.) gegenständliches Beweisstück, das zur Überführung eines Verbrechers beitragen kann; oft die Tatwaffe

Mariä Himmelfahrt katholischer Feiertag am 15. August

Verschlag kleine einfache Kammer

Sims Gesims, waagrechter Wandvorsprung

unterrichtet informiert

diesem Verhöre mehrere folgten. Den Blaukitteln schien durch das Aufsehen, das der Vorgang gemacht und die darauf folgenden geschärften Maßregeln der Mut genommen; sie waren von nun an wie verschwunden, und obgleich späterhin noch mancher Holzfrevler erwischt wurde, fand man doch nie Anlass, ihn der berüchtigten Bande zuzuschreiben. Die Axt lag zwanzig Jahre nachher als unnützes Corpus delicti im Gerichtsarchiv, wo sie wohl noch jetzt ruhen mag mit ihren Rostflecken. Es würde in einer erdichteten Geschichte unrecht sein, die Neugier des Lesers so zu täuschen. Aber dies alles hat sich wirklich zugetragen; ich kann nichts davon- oder dazutun.

Am nächsten Sonntage stand Friedrich sehr früh auf, um zur Beichte zu gehen. Es war Mariä Himmelfahrt und die Pfarrgeistlichen schon vor Tagesanbruch im Beichtstuhle. Nachdem er sich im Finstern angekleidet, verließ er so geräuschlos wie möglich den engen Verschlag, der ihm in Simons Hause eingeräumt war. In der Küche musste sein Gebetbuch auf dem Sims liegen und er hoffte, es mit Hülfe des schwachen Mondlichts zu finden; es war nicht da. Er warf die Augen suchend umher und fuhr zusammen; in der Kammertür stand Simon, fast unbekleidet, seine dürre Gestalt, sein ungekämmtes, wirres Haar und die vom Mondschein verursachte Blässe des Gesichts gaben ihm ein schauerlich verändertes Ansehen. »Sollte er nachtwandeln?« dachte Friedrich, und verhielt sich ganz still. – »Friedrich, wohin?« flüsterte der Alte. – »Ohm, seid Ihr's? ich will beichten gehen.« – »Das dacht ich mir; geh in Gottes Namen, aber beichte wie ein guter Christ.« – »Das will ich«, sagte Friedrich. – »Denk an die zehn Gebote: du sollst kein Zeugnis ablegen gegen deinen Nächsten.« – »Kein falsches!« – »Nein, gar keines; du bist schlecht unterrichtet; wer einen andern in der Beichte anklagt, der empfängt das Sakrament unwürdig.«

Beide schwiegen. – »Ohm, wie kommt Ihr darauf?« sagte Friedrich dann; »Eu'r Gewissen ist nicht rein; Ihr habt mich belogen.« – »Ich? so?« – »Wo ist Eure Axt?« – »Meine Axt? auf der Tenne.« – »Habt Ihr einen neuen Stiel hineingemacht? wo ist der alte?« – »Den kannst du heute bei Tag im Holzschuppen finden. Geh«, fuhr er verächtlich fort, »ich dachte du seist ein Mann; aber du bist ein altes Weib, das gleich meint, das Haus brennt, wenn ihr Feuertopf raucht. Sieh«, fuhr er fort, »wenn ich mehr von der Geschichte weiß, als der Türpfosten da, so will ich ewig nicht selig werden. – Längst war ich zu Haus«, fügte er hinzu. – Friedrich stand beklemmt und zweifelnd. Er hätte viel darum gegeben, seines Ohms Gesicht sehen zu können. Aber während sie flüsterten, hatte der Himmel sich bewölkt.

Feuertopf kleines Feuerbecken zum Wärmen der Füße

beklemmt beklommen, bedrückt

»Ich habe schwere Schuld«, seufzte Friedrich, »dass ich ihn den unrechten Weg geschickt – obgleich – doch, dies hab' ich nicht gedacht, nein, gewiss nicht. Ohm, ich habe Euch ein schweres Gewissen zu danken.« – »So geh, beicht!« flüsterte Simon mit bebender Stimme; »verunehre das Sakrament durch Angeberei und setze armen Leuten einen Spion auf den Hals, der schon Wege finden wird, ihnen das Stückchen Brot aus den Zähnen zu reißen, wenn er gleich nicht reden darf – geh!« – Friedrich stand unschlüssig; er hörte ein leises Geräusch; die Wolken verzogen sich, das Mondlicht fiel wieder auf die Kammertür: sie war geschlossen. Friedrich ging an diesem Morgen nicht zur Beichte.

Der Eindruck, den dieser Vorfall auf Friedrich gemacht, erlosch leider nur zu bald. Wer zweifelt daran, dass Simon alles tat, seinen Adoptivsohn dieselben Wege zu leiten, die er selber ging? Und in Friedrich lagen Eigenschaften, die dies nur zu sehr erleichterten: Leichtsinn, Erregbarkeit, und vor allem ein grenzenloser Hochmut, der nicht immer den Schein verschmähte, und dann alles daran setzte, durch Wahrmachung des Usurpierten möglicher Beschämung zu entgehen. Seine Natur war nicht unedel, aber er gewöhnte sich, die innere Schande der äußern vorzuziehen. Man darf nur sagen, er gewöhnte sich zu prunken, während seine Mutter darbte.

Diese unglückliche Wendung seines Charakters war indessen das Werk mehrerer Jahre, in denen man bemerkte, dass Margreth immer stiller über ihren Sohn ward und allmählich in einen Zustand der Verkommenheit versank, den man früher bei ihr für unmöglich gehalten hätte. Sie wurde scheu, saumselig, sogar unordentlich, und manche meinten, ihr Kopf habe gelitten. Friedrich ward desto lauter; er versäumte keine Kirchweih oder Hochzeit, und da ein sehr empfindliches Ehrgefühl ihn die geheime Missbilligung

Sakrament in der christlichen Kirche eine rituelle Handlung, die göttliche Gnade vermittelt

Angeberei Beschuldigung, Belastung einer anderen Person

wenn er gleich auch wenn er

des Usurpierten des fälschlich Behaupteten

darbte nur kümmerlich existierte; kaum das Nötigste zum Leben hatte

saumselig pflichtvergessen, nachlässig, langsam (›ein saumseliger Schuldner‹)

Kirchweih jährliches Fest am Jahrestag der Weihe einer christlichen Kirche, meist mit Jahrmarkt, Kirmes

mancher nicht übersehen ließ, war er gleichsam immer unter Waffen, der öffentlichen Meinung nicht sowohl Trotz zu bieten, als sie den Weg zu leiten, der ihm gefiel. Er war äußerlich ordentlich, nüchtern, anscheinend treuherzig, aber listig, prahlerisch und oft roh, ein Mensch, an dem niemand Freude haben konnte, am wenigsten seine Mutter, und der dennoch durch seine gefürchtete Kühnheit und noch mehr gefürchtete Tücke ein gewisses Übergewicht im Dorfe erlangt hatte, das umso mehr anerkannt wurde, je mehr man sich bewusst war, ihn nicht zu kennen und nicht berechnen zu können, wessen er am Ende fähig sei. Nur ein Bursch im Dorfe, Wilm Hülsmeyer, wagte im Bewusstsein seiner Kraft und guter Verhältnisse ihm die Spitze zu bieten; und da er gewandter in Worten war, als Friedrich, und immer, wenn der Stachel saß, einen Scherz daraus zu machen wusste, so war dies der Einzige, mit dem Friedrich ungern zusammentraf.

war er gleichsam immer unter Waffen ging er keiner Auseinandersetzung aus dem Weg, war er immer auf Streit aus

ihm die Spitze zu bieten sich gegen ihn zu stellen, ihn herauszufordern

Vier Jahre waren verflossen; es war im Oktober; der milde Herbst von 1760, der alle Scheunen mit Korn und alle Keller mit Wein füllte, hatte seinen Reichtum auch über diesen Erdwinkel strömen lassen, und man sah mehr Betrunkene, hörte von mehr Schlägereien und dummen Streichen, als je. Überall gab's Lustbarkeiten; der blaue Montag kam in Aufnahme, und wer ein paar Taler erübrigt hatte, wollte gleich eine Frau dazu, die ihm heute essen und morgen hungern helfen könne. Da gab es im Dorfe eine tüchtige, solide Hochzeit, und die Gäste durften mehr erwarten, als eine verstimmte Geige, ein Glas Branntwein und was sie an guter Laune selber mitbrachten. Seit früh war alles auf den Beinen; vor jeder Tür wurden Kleider gelüftet, und B. glich den ganzen Tag einer Trödelbude. Da viele Auswärtige erwartet wurden, wollte jeder gern die Ehre des Dorfes oben halten.

Lustbarkeiten Vergnügungen

der blaue Montag kam in Aufnahme der arbeitsfreie Montag bürgerte sich ein

Trödelbude Kramladen mit einem großen Durcheinander von angebotenen Waren

Pfandställen Ställen zur Unterbringung von gepfändetem Vieh

zwei Fuß gut 60 Zentimeter (vgl. Seite 19)

prädominierend (lat.) vorherrschend; hier: tonangebend

Bassviole Bassgeige; Kontrabass

Dilettanten → Seite 72

ad libitum → Seite 72

mit … vielem Anstand mit einiger Geschicklichkeit; mit Musikalität und den erforderlichen spieltechnischen Fähigkeiten

den Papen van Istrup den Pfaffen (Geistlichen) von Istrup (einem Ort in der Nähe von Bad Driburg in Westfalen); in der dortigen Region gebräuchlicher Tanz

Kredenztisch Anrichte, Schenktisch

Es war sieben Uhr abends und alles in vollem Gange; Jubel und Gelächter an allen Enden, die niedern Stuben zum Ersticken angefüllt mit blauen, roten und gelben Gestalten, gleich Pfandställen, in denen eine zu große Herde eingepfercht ist. Auf der Tenne ward getanzt, das heißt, wer zwei Fuß Raum erobert hatte, drehte sich darauf immer rundum und suchte durch Jauchzen zu ersetzen, was an Bewegung fehlte. Das Orchester war glänzend, die erste Geige als anerkannte Künstlerin prädominierend, die zweite und eine große Bassviole mit drei Saiten von Dilettanten *ad libitum* gestrichen; Branntwein und Kaffee im Überfluss, alle Gäste von Schweiß triefend; kurz, es war ein köstliches Fest. Friedrich stolzierte umher wie ein Hahn, im neuen himmelblauen Rock, und machte sein Recht als erster Elegant geltend. Als auch die Gutsherrschaft anlangte, saß er gerade hinter der Bassgeige und strich die tiefste Saite mit großer Kraft und vielem Anstand.

»Johannes!« rief er gebieterisch, und heran trat sein Schützling von dem Tanzplatze, wo er auch seine ungelenken Beine zu schlenkern und eins zu jauchzen versucht hatte. Friedrich reichte ihm den Bogen, gab durch eine stolze Kopfbewegung seinen Willen zu erkennen und trat zu den Tanzenden. »Nun lustig, Musikanten: den Papen van Istrup!« – Der beliebte Tanz ward gespielt und Friedrich machte Sätze vor den Augen seiner Herrschaft, dass die Kühe an der Tenne die Hörner zurückzogen und Kettengeklirr und Gebrumm an ihren Ständern herlief. Fußhoch über die andern tauchte sein blonder Kopf auf und nieder, wie ein Hecht, der sich im Wasser überschlägt; an allen Enden schrien Mädchen auf, denen er zum Zeichen der Huldigung mit einer raschen Kopfbewegung sein langes Flachshaar ins Gesicht schleuderte.

»Jetzt ist es gut!« sagte er endlich und trat schweißtriefend an den Kredenztisch; »die gnädigen Herrschaften sollen leben und alle die hochadeligen Prinzen und Prinzessinnen, und wer's nicht mittrinkt, den will ich an die Ohren schlagen, dass er die Engel singen hört!« – Ein lautes Vivat beantwortete den galanten Toast. – Friedrich machte seinen Bückling. – »Nichts für ungut, gnädige Herrschaften; wir sind nur ungelehrte Bauersleute!« In diesem Augenblick erhob sich ein Getümmel am Ende der Tenne, Geschrei, Schelten, Gelächter, alles durcheinander. »Butterdieb, Butterdieb!« riefen ein paar Kinder, und heran drängte sich, oder vielmehr ward geschoben, Johannes Niemand, den Kopf zwischen die Schultern ziehend und mit aller Macht nach dem Ausgange strebend. – »Was ist's? was habt ihr mit unserem Johannes?« rief Friedrich gebieterisch.

Ein lautes Vivat (lat.) Ein lauter Hochruf

Toast Trinkspruch

Bückling Diener, Verbeugung

»Das sollt Ihr früh genug gewahr werden«, keuchte ein altes Weib mit der Küchenschürze und einem Wischhader in der Hand. – Schande! Johannes, der arme Teufel, dem zu Hause das Schlechteste gut genug sein musste, hatte versucht, sich ein halbes Pfündchen Butter für die kommende Dürre zu sichern, und ohne daran zu denken, dass er es, sauber in sein Schnupftuch gewickelt, in der Tasche geborgen, war er ans Küchenfeuer getreten und nun rann das Fett schmählich die Rockschöße entlang. Allgemeiner Aufruhr; die Mädchen sprangen zurück, aus Furcht, sich zu beschmutzen, oder stießen den Delinquenten vorwärts. Andere machten Platz, sowohl aus Mitleid als Vorsicht. Aber Friedrich trat vor: »Lumpenhund!« rief er; ein paar derbe Maulschellen trafen den geduldigen Schützling; dann stieß er ihn an die Tür und gab ihm einen tüchtigen Fußtritt mit auf den Weg.

Er kehrte niedergeschlagen zurück; seine Würde war verletzt, das allgemeine Gelächter schnitt ihm durch die Seele, ob er sich gleich durch einen tapfern Juchheschrei wieder in den Gang zu bringen suchte – es wollte nicht mehr recht gehen. Er war im Begriff, sich wieder hinter die Bassviole zu flüchten; doch zuvor noch ein Knalleffekt: er zog seine silberne Taschenuhr hervor, zu jener Zeit ein seltener und kostbarer Schmuck. »Es ist bald zehn«, sagte er. »Jetzt den Brautmenuett! ich will Musik machen.«

»Eine prächtige Uhr!« sagte der Schweinehirt und schob sein Gesicht in ehrfurchtsvoller Neugier vor. – »Was hat sie gekostet?« rief Wilm Hülsmeyer, Friedrichs Nebenbuhler. – »Willst du sie bezahlen?« fragte Friedrich. – »Hast du sie bezahlt?« antwortete Wilm. Friedrich warf einen stolzen Blick auf ihn und griff in schweigender Majestät zum Fidelbogen. – »Nun, nun«, sagte Hülsmeyer, »dergleichen hat man schon erlebt. Du weißt wohl, der Franz Ebel hatte auch eine schöne Uhr, bis der Jude Aaron sie ihm wieder abnahm.« Friedrich

Wischhader Scheuerlappen

schmählich zur Schande des Übeltäters

Delinquenten (lat.) Missetäter

ob er sich gleich auch wenn er sich

den das

Brautmenuett fester Bestandteil des traditionellen Hochzeitsfestes im Westfälischen; ein Menuett ist ein Schreittanz im Dreivierteltakt.

Majestät hier: aufdringlich zur Schau gestellter Würde

antwortete nicht, sondern winkte stolz der ersten Violine, und sie begannen aus Leibeskräften zu streichen.

Die Gutsherrschaft war indessen in die Kammer getreten, wo der Braut von den Nachbarfrauen das Zeichen ihres neuen Standes, die weiße Stirnbinde, umgelegt wurde. Das junge Blut weinte sehr, teils weil es die Sitte so wollte, teils aus wahrer Beklemmung. Sie sollte einem verworrenen Haushalt vorstehen, unter den Augen eines mürrischen alten Mannes, den sie noch obendrein lieben sollte. Er stand neben ihr, durchaus nicht wie der Bräutigam des Hohen Liedes, der »in die Kammer tritt wie die Morgensonne«. – »Du hast nun genug geweint«, sagte er verdrießlich; »bedenk, du bist es nicht, die mich glücklich macht, ich mache dich glücklich!« – Sie sah demütig zu ihm auf und schien zu fühlen, dass er Recht habe. – Das Geschäft war beendigt; die junge Frau hatte ihrem Manne zugetrunken, junge Spaßvögel hatten durch den Dreifuß geschaut, ob die Binde gerade sitze, und man drängte sich wieder der Tenne zu, von wo unauslöschliches Gelächter und Lärm herüberschallte. Friedrich war nicht mehr dort. Eine große, unerträgliche Schmach hatte ihn getroffen, da der Jude Aaron, ein Schlächter und gelegentlicher Althändler aus dem nächsten Städtchen, plötzlich erschienen war, und nach einem kurzen, unbefriedigenden Zwiegespräch ihn laut vor allen Leuten um den Betrag von zehn Talern für eine schon um Ostern gelieferte Uhr gemahnt hatte. Friedrich war wie vernichtet fortgegangen und der Jude ihm gefolgt, immer schreiend: »O weh mir! warum hab ich nicht gehört auf vernünftige Leute! Haben sie mir nicht hundertmal gesagt, Ihr hättet all Eu'r Gut am Leibe und kein Brot im Schranke!« – Die Tenne tobte von Gelächter; manche hatten sich auf den Hof nachgedrängt. – »Packt den Juden! wiegt ihn gegen ein Schwein!« riefen einige; andere waren ernst geworden. – »Der Friedrich sah so blass aus wie ein Tuch«,

Das junge Blut umgangssprachlich für: Das junge Mädchen, die junge Frau

Hohen Liedes das Hohelied des Salomo aus dem Alten Testament, ein Lobgesang auf die Liebe

Dreifuß Feuergerät und Untergestell für einen Kessel; in der Antike saß die weissagende Priesterin in der Tempelanlage von Delphi, die Pythia, auf einem Dreifuß über einer Felsspalte, aus der Dämpfe emporstiegen, die sie in einen seherischen Zustand versetzten.

wie als

sagte eine alte Frau, und die Menge teilte sich, wie der Wagen des Gutsherrn in den Hof lenkte.

Herr von S. war auf dem Heimwege verstimmt, die jedesmalige Folge, wenn der Wunsch, seine Popularität aufrechtzuerhalten, ihn bewog, solchen Festen beizuwohnen. Er sah schweigend aus dem Wagen. »Was sind denn das für ein paar Figuren?« – Er deutete auf zwei dunkle Gestalten, die vor dem Wagen rannten wie Strauße. Nun schlüpften sie ins Schloss. – »Auch ein paar selige Schweine aus unserm eigenen Stall!« seufzte Herr von S. Zu Hause angekommen, fand er die Hausflur vom ganzen Dienstpersonal eingenommen, das zwei Kleinknechte umstand, welche sich blass und atemlos auf der Stiege niedergelassen hatten. Sie behaupteten, von des alten Mergels Geist verfolgt worden zu sein, als sie durchs Brederholz heimkehrten. Zuerst hatte es über ihnen an der Höhe gerauscht und geknistert; darauf hoch in der Luft ein Geklapper wie von aneinander geschlagenen Stöcken; plötzlich ein gellender Schrei und ganz deutlich die Worte: »O weh, meine arme Seele!« hoch von oben herab. Der eine wollte auch glühende Augen durch die Zweige funkeln gesehen haben, und beide waren gelaufen, was ihre Beine vermochten.

Kleinknechte untergeordnete Knechte, die für einfache Haus- und Hofarbeiten und das Kleinvieh zuständig waren

»Dummes Zeug!« sagte der Gutsherr verdrießlich und trat in die Kammer, sich umzukleiden. Am andern Morgen wollte die Fontäne im Garten nicht springen, und es fand sich, dass jemand eine Röhre verrückt hatte, augenscheinlich um nach dem Kopfe eines vor vielen Jahren hier verscharrten Pferdegerippes zu suchen, der für ein bewährtes Mittel wider allen Hexen- und Geisterspuk gilt. »Hm«, sagte der Gutsherr, »was die Schelme nicht stehlen, das verderben die Narren.«

die Fontäne der Springbrunnen

Drei Tage später tobte ein furchtbarer Sturm. Es war Mitternacht, aber alles im Schlosse außer dem Bett. Der Gutsherr stand am Fenster und sah besorgt ins Dunkle, nach seinen Feldern hinüber. An den Scheiben flogen Blätter und Zweige her; mitunter fuhr ein Ziegel hinab und schmetterte auf das Pflaster des Hofes. – »Furchtbares Wetter!« sagte Herr von S. Seine Frau sah ängstlich aus. »Ist das Feuer auch gewiss gut verwahrt?« sagte sie; »Gretchen, sieh noch einmal nach, gieß es lieber ganz aus! – Kommt, wir wollen das Evangelium Johannis beten.« Alles kniete nieder und die Hausfrau begann: »Im Anfang war das Wort und das Wort war bei Gott und Gott war das Wort.« Ein furchtbarer Donnerschlag. Alle fuhren zusammen; dann furchtbares Geschrei und Getümmel die Treppe heran. – »Um Gottes willen! brennt es?« rief Frau von S. und sank mit dem Gesichte auf den Stuhl. Die Türe ward aufgerissen und herein stürzte die Frau des Juden Aaron, bleich wie der Tod, das Haar wild um den Kopf, von Regen triefend. Sie warf sich vor dem Gutsherrn auf die Knie. »Gerechtigkeit!« rief sie, »Gerechtigkeit! mein Mann ist erschlagen!« und sank ohnmächtig zusammen.

außer dem Bett noch auf

»Ist das Feuer auch gewiss gut verwahrt?« → Seite 72

das Evangelium Johannis beten Abschnitte aus dem Evangelium des Johannes (im Neuen Testament der Bibel) beten

Es war nur zu wahr, und die nachfolgende Untersuchung bewies, dass der Jude Aaron durch einen Schlag an die Schläfe mit einem stumpfen Instrumente, wahrscheinlich einem Stabe, sein Leben verloren hatte, durch einen einzigen Schlag. An der linken Schläfe war der blaue Fleck, sonst keine Verletzung zu finden. Die Aussagen der Jüdin und ihres Knechtes Samuel lauteten so: Aaron war vor drei Tagen am Nachmittage ausgegangen, um Vieh zu kaufen, und hatte dabei gesagt, er werde wohl über Nacht ausbleiben, da noch einige böse Schuldner in B. und S. zu mahnen seien. In diesem Falle werde er in B. beim Schlächter Salomon übernachten. Als er am folgenden Tage nicht heimkehrte, war seine Frau sehr besorgt geworden und hatte sich endlich heute um drei nachmittags in Begleitung ihres Knechtes und des großen Schlächterhundes auf den Weg gemacht. Beim Juden Salomon wusste man nichts von Aaron; er war gar nicht da gewesen. Nun waren sie zu allen Bauern gegangen, von denen sie wussten, dass Aaron einen Handel mit ihnen im Auge hatte. Nur zwei hatten ihn gesehen, und zwar an demselben Tage, an welchem er ausgegangen. Es war darüber sehr spät geworden. Die große Angst trieb das Weib nach Haus, wo sie ihren Mann wiederzufinden eine schwache Hoffnung nährte. So waren sie im Brederholz vom Gewitter überfallen worden und hatten unter einer großen, am Berghange stehenden Buche Schutz gesucht; der Hund hatte unterdessen auf eine auffallende Weise umhergestöbert und sich endlich, trotz allem Locken, im Walde verlaufen. Mit einem Male sieht die Frau beim Leuchten des Blitzes etwas Weißes neben sich im Moose. Es ist der Stab ihres Mannes, und fast im selben Augenblicke bricht der Hund durchs Gebüsch und trägt etwas im Maule: es ist der Schuh ihres Mannes. Nicht lange, so ist in einem mit dürrem Laube gefüllten Graben der Leichnam des Juden gefunden. – Dies war die Angabe des Knechtes, von der Frau nur im Allgemeinen unterstützt; ihre übergroße Spannung hatte nachgelassen und sie schien jetzt halb verwirrt oder vielmehr stumpfsinnig. – »Aug um Auge, Zahn um Zahn!« dies waren die einzigen Worte, die sie zuweilen hervorstieß.

Schützen öffentlichen Wächter, Feldschützen, Flurschützen

In derselben Nacht noch wurden die Schützen aufgeboten, um Friedrich zu verhaften. Der Anklage bedurfte es nicht, da Herr von S. selbst Zeuge eines Auftritts gewesen war, der den dringendsten Verdacht auf ihn werfen musste; zudem die Gespenstergeschichte von jenem Abende, das Aneinanderschlagen der Stäbe im Brederholz, der Schrei aus der Höhe. Da der Amtsschreiber gerade abwesend war, so betrieb Herr von S. selbst alles rascher, als sonst geschehen wäre.

Dennoch begann die Dämmerung bereits anzubrechen, bevor die Schützen so geräuschlos wie möglich das Haus der armen Margreth umstellt hatten. Der Gutsherr selber pochte an; es währte kaum eine Minute, bis geöffnet ward und Margreth völlig gekleidet in der Türe erschien. Herr von S. fuhr zurück; er hatte sie fast nicht erkannt, so blass und steinern sah sie aus.

»Wo ist Friedrich?« fragte er mit unsicherer Stimme. – »Sucht ihn«, antwortete sie und setzte sich auf einen Stuhl. Der Gutsherr zögerte noch einen Augenblick. »Herein, herein!« sagte er dann barsch; »worauf warten wir?« Man trat in Friedrichs Kammer. Er war nicht da, aber das Bett noch warm. Man stieg auf den Söller, in den Keller, stieß ins Stroh, schaute hinter jedes Fass, sogar in den Backofen; er war nicht da. Einige gingen in den Garten, sahen hinter den Zaun und in die Apfelbäume hinauf; er war nicht zu finden. – »Entwischt!« sagte der Gutsherr mit sehr gemischten Gefühlen: der Anblick der alten Frau wirkte gewaltig auf ihn. »Gebt den Schlüssel zu jenem Koffer.« – Margreth antwortete nicht. – »Gebt den Schlüssel!« wiederholte der Gutsherr, und merkte jetzt erst, dass der Schlüssel steckte. Der Inhalt des Koffers kam zum Vorschein: des Entflohenen gute Sonntagskleider und seiner Mutter ärmlicher Staat; dann zwei Leichenhemden mit schwarzen Bändern, das eine für einen Mann, das andere für eine Frau gemacht. Herr von S. war tief erschüttert. Ganz zuunterst auf dem Boden des Koffers lag die silberne Uhr und einige Schriften von sehr leserlicher Hand, eine derselben von einem Manne unterzeichnet, den man in starkem Verdacht der Verbindung mit den Holzfrevlern hatte. Herr von S. nahm sie mit zur Durchsicht, und man verließ das Haus, ohne dass Margreth ein anderes Lebenszeichen von sich gegeben hätte, als dass sie unaufhörlich die Lippen nagte und mit den Augen zwinkerte.

Söller Speicher, (Dach-)Boden

Koffer Reisetruhe

Staat Festtagskleidung

Im Schlosse angelangt, fand der Gutsherr den Amtsschreiber, der schon am vorigen Abend heimgekommen war und behauptete, die ganze Geschichte verschlafen zu haben, da der gnädige Herr nicht nach ihm geschickt. – »Sie kommen immer zu spät«, sagte Herr von S. verdrießlich. »War denn nicht irgendein altes Weib im Dorfe, das Ihrer Magd die Sache erzählte? und warum weckte man Sie dann nicht?« – »Gnädiger Herr«, versetzte Kapp, »allerdings hat meine Anne Marie den Handel um eine Stunde früher erfahren als ich; aber sie wusste, dass Ihre Gnaden die Sache selbst leiteten, und dann«, fügte er mit klagender Miene hinzu, »dass ich so todmüde war.« – »Schöne Polizei!« murmelte der Gutsherr, »jede alte Schachtel im Dorf weiß Bescheid, wenn es recht geheim zugehen soll.« Dann fuhr er heftig fort: »Das müsste wahrhaftig ein dummer Teufel von Delinquenten sein, der sich packen ließe!«

den Handel die Angelegenheit

Beide schwiegen eine Weile. – »Mein Fuhrmann hatte sich in der Nacht verirrt«, hob der Amtsschreiber wieder an; »über eine Stunde lang hielten wir im Walde; es war ein Mordwetter; ich dachte, der Wind werde den Wagen umreißen. Endlich, als der Regen nachließ, fuhren wir in Gottes Namen darauf los, immer in das Zellerfeld hinein, ohne eine Hand vor den Augen zu sehen. Da sagte der Kutscher: wenn wir nur nicht den Steinbrüchen zu nahe kommen! Mir war selbst bange; ich ließ halten und schlug Feuer, um wenigstens etwas Unterhaltung an meiner Pfeife zu haben. Mit einem Male hörten wir ganz nah, perpendikulär unter uns die Glocke schlagen. Ew. Gnaden mögen glauben, dass mir fatal zu Mut wurde. Ich sprang aus dem Wagen, denn seinen eigenen Beinen kann man trauen, aber denen der Pferde nicht. So stand ich, in Kot und Regen, ohne mich zu rühren, bis es gottlob sehr bald anfing zu dämmern. Und wo hielten wir? dicht an der Heerser Tiefe und den Turm von Heerse gerade unter uns. Wären wir noch zwanzig Schritt weitergefahren, wir wären alle Kinder des Todes gewesen.« – »Das war in der Tat kein Spaß«, versetzte der Gutsherr, halb versöhnt.

perpendikulär (lat.) senkrecht

Ew. Abkürzung für ›Euer‹ (in Titeln), von frühneuhochdeutsch ›ewer‹

fatal recht mulmig

Kot Schmutz, Schlamm

Er hatte unterdessen die mitgenommenen Papiere durchgesehen. Es waren Mahnbriefe um geliehene Gelder, die meisten von Wucherern. – »Ich hätte nicht gedacht«, murmelte er, »dass die Mergels so tief drin steckten.« – »Ja, und dass es so an den Tag kommen muss«, versetzte Kapp; »das wird kein kleiner Ärger für Frau Margreth sein.« – »Ach Gott, die denkt jetzt daran nicht!« – Mit diesen Worten stand der Gutsherr auf und verließ das Zimmer, um mit Herrn Kapp die gerichtliche Leichenschau vorzunehmen. – Die Untersuchung war kurz, gewaltsamer Tod erwiesen, der vermutliche Täter entflohen, die Anzeigen gegen ihn zwar gravierend, doch ohne persönliches Geständnis nicht bewei-

Wucherern Leuten, die das Verleihen von Geld zu ihrem Beruf machen und dabei sehr hohe Schuldzinsen nehmen

send, seine Flucht allerdings sehr verdächtig. So musste die gerichtliche Verhandlung ohne genügenden Erfolg geschlossen werden.

Die Juden der Umgegend hatten großen Anteil gezeigt. Das Haus der Witwe ward nie leer von Jammernden und Ratenden. Seit Menschengedenken waren nicht so viel Juden beisammen in L. gesehen worden. Durch den Mord ihres Glaubensgenossen aufs Äußerste erbittert, hatten sie weder Mühe noch Geld gespart, dem Täter auf die Spur zu kommen. Man weiß sogar, dass einer derselben, gemeinhin der Wucherjoel genannt, einem seiner Kunden, der ihm mehrere Hunderte schuldete und den er für einen besonders listigen Kerl hielt, Erlass der ganzen Summe angeboten hatte, falls er ihm zur Verhaftung des Mergel verhelfen wolle; denn der Glaube war allgemein unter den Juden, dass der Täter nur mit guter Beihülfe entwischt und wahrscheinlich noch in der Umgegend sei. Als dennoch alles nichts half und die gerichtliche Verhandlung für beendet erklärt worden war, erschien am nächsten Morgen eine Anzahl der angesehensten Israeliten im Schlosse, um dem gnädigen Herrn einen Handel anzutragen. Der Gegenstand war die Buche, unter der Aarons Stab gefunden und wo der Mord wahrscheinlich verübt worden war. – »Wollt ihr sie fällen? so mitten im vollen Laube?« fragte der Gutsherr. – »Nein, Ihro Gnaden, sie muss stehen bleiben im Winter und Sommer, solange ein Span daran ist.« – »Aber wenn ich nun den Wald hauen lasse, so schadet es dem jungen Aufschlag.« – »Wollen wir sie doch nicht um gewöhnlichen Preis.« – Sie boten 200 Taler. Der Handel ward geschlossen und allen Förstern streng eingeschärft, die Judenbuche auf keine Weise zu schädigen. Darauf sah man an einem Abende wohl gegen sechzig Juden, ihren Rabbiner an der Spitze, in das Brederholz ziehen, alle schweigend und mit gesenkten Augen. Sie blieben über eine

Mord ihres Mord an ihrem, Ermordung ihres

Israeliten Juden; damals Bezeichnung für wichtige Mitglieder der jüdischen Gemeinde

einen Handel ein Geschäft

dem jungen Aufschlag dem durch natürliche Besamung nachwachsenden Wald; dem Bestand noch junger Bäume

Rabbiner jüdischer Schriftgelehrter und Lehrmeister in der Auslegung der jüdischen Heiligen Schrift, der Thora

Stunde im Walde und kehrten dann ebenso ernst und feierlich zurück, durch das Dorf B. bis in das Zellerfeld, wo sie sich zerstreuten und jeder seines Weges ging. Am nächsten Morgen stand an der Buche mit dem Beil eingehauen:

אִם תַּעֲבוֹר בַּמָּקוֹם הַזֶּה יִפְגַּע בָּךְ כַּאֲשֶׁר אַתָּה עָשִׂיתָ לִי׃

Und wo war Friedrich? Ohne Zweifel fort, weit genug, um die kurzen Arme einer so schwachen Polizei nicht mehr fürchten zu dürfen. Er war bald verschollen, vergessen. Ohm Simon redete selten von ihm, und dann schlecht; die Judenfrau tröstete sich am Ende und nahm einen andern Mann. Nur die arme Margreth blieb ungetröstet.

dürfen müssen

Etwa ein halbes Jahr nachher las der Gutsherr einige eben erhaltene Briefe in Gegenwart des Amtsschreibers. – »Sonderbar, sonderbar!« sagte er. »Denken Sie sich, Kapp, der Mergel ist vielleicht unschuldig an dem Morde. Soeben schreibt mir der Präsident des Gerichtes zu P.: ›*Le vrai n'est pas toujours vraisemblable*; das erfahre ich oft in meinem Berufe und jetzt neuerdings. Wissen Sie wohl, dass Ihr lieber Getreuer, Friedrich Mergel, den Juden mag ebenso wenig erschlagen haben, als ich oder Sie? Leider fehlen die Beweise, aber die Wahrscheinlichkeit ist groß. Ein Mitglied der Schlemmingschen Bande (die wir jetzt, nebenbei gesagt, größtenteils unter Schloss und Riegel haben), Lumpenmoises genannt, hat im letzten Verhöre ausgesagt, dass ihn nichts so sehr gereue, als der Mord eines Glaubensgenossen, Aaron, den er im Walde erschlagen und doch nur sechs Groschen bei ihm gefunden habe. Leider ward das Verhör durch die Mittagsstunde unterbrochen, und während wir tafelten, hat sich der Hund von einem Juden an seinem Strumpfband erhängt. Was sagen Sie dazu? Aaron ist zwar ein verbreiteter Name u. s. w.‹ – Was sagen Sie dazu?« wiederholte der Guts-

nachher später

P. vermutlich Paderborn

Le vrai n'est pas toujours vraisemblable → Seite 72

der Schlemmingschen Bande Diese Bande trieb um 1780 in Hessen ihr Unwesen.

eines an einem

herr; »und weshalb wäre der Esel von einem Burschen denn gelaufen?« – Der Amtsschreiber dachte nach. – »Nun, vielleicht der Holzfrevel wegen, mit denen wir ja gerade in Untersuchung waren. Heißt es nicht: der Böse läuft vor seinem eigenen Schatten? Mergels Gewissen war schmutzig genug auch ohne diesen Flecken.«

Dabei beruhigte man sich. Friedrich war hin, verschwunden und – Johannes Niemand, der arme, unbeachtete Johannes, am gleichen Tage mit ihm.

Eine schöne, lange Zeit war verflossen, achtundzwanzig Jahre, fast die Hälfte eines Menschenlebens; der Gutsherr war sehr alt und grau geworden, sein gutmütiger Gehülfe Kapp längst begraben. Menschen, Tiere und Pflanzen waren entstanden, gereift, vergangen, nur Schloss B. sah immer gleich grau und vornehm auf die Hütten herab, die wie alte hektische Leute immer fallen zu wollen schienen und immer standen. Es war am Vorabende des Weihnachtfestes, den 24sten Dezember 1788. Tiefer Schnee lag in den Hohlwegen, wohl an zwölf Fuß hoch, und eine durchdringende Frostluft machte die Fensterscheiben in der geheizten Stube gefrieren. Mitternacht war nahe, dennoch flimmerten überall matte Lichtchen aus den Schneehügeln, und in jedem Hause lagen die Einwohner auf den Knien, um den Eintritt des Heiligen Christfestes mit Gebet zu erwarten, wie dies in katholischen Ländern Sitte ist, oder wenigstens damals allgemein war. Da bewegte sich von der Breder Höhe herab eine Gestalt langsam gegen das Dorf; der Wanderer schien sehr matt oder krank; er stöhnte schwer und schleppte sich äußerst mühsam durch den Schnee.

An der Mitte des Hanges stand er still, lehnte sich auf seinen Krückenstab und starrte unverwandt auf die Lichtpunkte. Es war so still überall, so tot und kalt; man musste an Irrlichter auf Kirchhöfen denken. Nun schlug es zwölf im Turm; der letzte Schlag verdröhnte langsam und im nächsten Hause erhob sich ein leiser Gesang, der, von Hause zu Hause schwellend, sich über das ganze Dorf zog:

Ein Kindelein so löbelich
Ist uns geboren heute,
Von einer Jungfrau säuberlich,
Des freun sich alle Leute;

hektische schwindsüchtige (Schwindsucht ist die alte Bezeichnung für die früher weit verbreitete Tuberkulose.)

zwölf Fuß gut 3,60 m

gegen auf … zu

Irrlichter seltene Leuchterscheinungen, vornehmlich in Sumpf- und Moorgebieten

Ein Kindelein so löbelich … Erlös uns von der Hölle! → Seite 72

Und wär das Kindelein nicht geborn,
So wären wir alle zusammen verlorn:
Das Heil ist unser aller.
O du mein liebster Jesu Christ,
Der du als Mensch geboren bist,
Erlös uns von der Hölle!

Der Mann am Hange war in die Knie gesunken und versuchte mit zitternder Stimme einzufallen; es ward nur ein lautes Schluchzen daraus, und schwere, heiße Tropfen fielen in den Schnee. Die zweite Strophe begann; er betete leise mit; dann die dritte und vierte. Das Lied war geendigt und die Lichter in den Häusern begannen sich zu bewegen. Da richtete der Mann sich mühselig auf und schlich langsam hinab in das Dorf. An mehreren Häusern keuchte er vorüber, dann stand er vor einem still und pochte leise an.

»Was ist denn das?« sagte drinnen eine Frauenstimme; »die Türe klappert und der Wind geht doch nicht.« – Er pochte stärker: »Um Gottes willen, lasst einen halberfrorenen Menschen ein, der aus der türkischen Sklaverei kommt!« – Geflüster in der Küche. »Geht ins Wirtshaus«, antwortete eine andere Stimme, »das fünfte Haus von hier!« – »Um Gottes Barmherzigkeit willen, lasst mich ein! ich habe kein Geld.« – Nach einigem Zögern ward die Tür geöffnet und ein Mann leuchtete mit der Lampe hinaus. – »Kommt nur herein!« sagte er dann, »Ihr werdet uns den Hals nicht abschneiden.«

In der Küche befanden sich außer dem Manne eine Frau in den mittlern Jahren, eine alte Mutter und fünf Kinder. Alle drängten sich um den Eintretenden her und musterten ihn mit scheuer Neugier. Eine armselige Figur! mit schiefem Halse, gekrümmtem Rücken, die ganze Gestalt gebrochen und kraftlos; langes, schneeweißes Haar hing um sein Gesicht, das den verzogenen Ausdruck langen Leidens trug. Die Frau ging schweigend an den Herd und legte frisches Reisig zu. – »Ein Bett können wir Euch nicht geben«, sagte sie; »aber ich will hier eine gute Streu machen; Ihr müsst Euch schon so behelfen.« – »Gott's Lohn!« versetzte der Fremde; »ich bin's wohl schlechter gewohnt.« – Der Heimgekehrte ward als Johannes Niemand erkannt, und er selbst bestätigte, dass er derselbe sei, der einst mit Friedrich Mergel entflohen.

Das Dorf war am folgenden Tage voll von den Abenteuern des so lange Verschollenen. Jeder wollte den Mann aus der Türkei sehen, und man wunderte sich beinahe, dass er noch aussehe wie andere Menschen. Das junge Volk hatte zwar keine Erinnerungen von ihm, aber die Alten fanden seine Züge noch ganz wohl heraus, so erbärmlich entstellt er auch war. »Johannes, Johannes, was seid Ihr grau geworden!« sagte eine alte Frau. »Und woher habt Ihr den schiefen Hals?« – »Vom Holz- und Wassertragen in der Sklaverei«, versetzte er. – »Und was ist aus Mergel geworden? Ihr seid doch zusammen fortgelaufen?« – »Freilich wohl; aber ich weiß nicht, wo er ist, wir sind voneinander gekommen. Wenn Ihr an ihn denkt, betet für ihn«, fügte er hinzu, »er wird es wohl nötig haben.«

Man fragte ihn, warum Friedrich sich denn aus dem Staube gemacht, da er den Juden doch nicht erschlagen? – »Nicht?« sagte Johannes und horchte gespannt auf, als man ihm erzählte, was der Gutsherr geflissentlich verbreitet hatte, um den Fleck von Mergels Namen zu löschen. »Also ganz umsonst«, sagte er nachdenkend, »ganz umsonst so viel ausgestanden!« Er seufzte tief und fragte nun seinerseits nach manchem. Simon war lange tot, aber zuvor noch ganz verarmt, durch Prozesse und böse Schuldner, die er nicht gerichtlich belangen durfte, weil es, wie man sagte, zwischen

verzogenen entstellten, gezeichneten

Reisig vgl. Seite 13

eine gute Streu machen eine bequeme Schlafstelle aus aufgeschüttetem Stroh herrichten

von ihm an ihn

geflissentlich bewusst, in bester Absicht

ihnen keine reine Sache war. Er hatte zuletzt Bettelbrot gegessen und war in einem fremden Schuppen auf dem Stroh gestorben. Margreth hatte länger gelebt, aber in völliger Geistesdumpfheit. Die Leute im Dorf waren es bald müde geworden, ihr beizustehen, da sie alles verkommen ließ, was man ihr gab, wie es denn die Art der Menschen ist, gerade die Hülflosesten zu verlassen, solche, bei denen der Beistand nicht nachhaltig wirkt und die der Hülfe immer gleich bedürftig bleiben. Dennoch hatte sie nicht eigentlich Not gelitten; die Gutsherrschaft sorgte sehr für sie, schickte ihr täglich das Essen und ließ ihr auch ärztliche Behandlung zukommen, als ihr kümmerlicher Zustand in völlige Abzehrung übergegangen war. In ihrem Hause wohnte jetzt der Sohn des ehemaligen Schweinehirten, der an jenem unglücklichen Abende Friedrichs Uhr so sehr bewundert hatte. – »Alles hin, alles tot!« seufzte Johannes.

Am Abend, als es dunkel geworden war und der Mond schien, sah man ihn im Schnee auf dem Kirchhofe umherhumpeln; er betete bei keinem Grabe, ging auch an keines dicht hinan, aber auf einige schien er aus der Ferne starre Blicke zu heften. So fand ihn der Förster Brandis, der Sohn des Erschlagenen, den die Gutsherrschaft abgeschickt hatte, ihn ins Schloss zu holen.

hinan heran

Beim Eintritt in das Wohnzimmer sah er scheu umher, wie vom Licht geblendet, und dann auf den Baron, der sehr zusammengefallen in seinem Lehnstuhl saß, aber noch immer mit den hellen Augen und dem roten Käppchen auf dem Kopfe wie vor achtundzwanzig Jahren; neben ihm die gnädige Frau, auch alt, sehr alt geworden.

»Nun, Johannes«, sagte der Gutsherr, »erzähl mir einmal recht ordentlich von deinen Abenteuern. Aber«, er musterte ihn durch die Brille, »du bist ja erbärmlich mitgenommen in der Türkei!« – Johannes begann: wie Mergel ihn nachts von der Herde abgerufen und gesagt, er müsse mit ihm fort. – »Aber warum lief der dumme Junge denn? du weißt doch, dass er unschuldig war?« – Johannes sah vor sich nieder: »Ich weiß nicht recht, mich dünkt, es war wegen Holzgeschichten. Simon hatte so allerlei Geschäfte; mir sagte man nichts davon, aber ich glaube nicht, dass alles war, wie es sein sollte.« – »Was hat denn Friedrich dir gesagt?« – »Nichts, als dass wir laufen müssten, sie wären hinter uns her. So liefen wir bis Heerse; da war es noch dunkel und wir versteckten uns hinter das große Kreuz am Kirchhofe, bis es etwas heller würde, weil wir uns vor den Steinbrüchen am Zellerfelde fürchteten; und wie wir eine Weile gesessen hatten, hörten wir mit einem Male über uns schnauben und stampfen und sahen lange Feuerstrahlen in der Luft gerade über dem Heerser Kirchturm. Wir sprangen auf und liefen, was wir konnten in Gottes Namen geradeaus, und wie es dämmerte, waren wir wirklich auf dem rechten Wege nach P.«

mich dünkt mir scheint, ich vermute

Johannes schien noch vor der Erinnerung zu schaudern, und der Gutsherr dachte an seinen seligen Kapp und dessen Abenteuer am Heerser Hange. – »Sonderbar!« lachte er, »so nah wart ihr einander! aber fahr fort.« – Johannes erzählte nun, wie sie glücklich durch P. und über die Grenze gekommen. Von da an hatten sie sich als wandernde Handwerksbursche durchgebettelt bis Freiburg im Breisgau. »Ich hatte meinen Brotsack bei mir«, sagte er, »und Friedrich ein Bündelchen; so glaubte man uns.« – In Freiburg hatten sie sich von den Österreichern anwerben lassen: ihn hatte man nicht gewollt, aber Friedrich bestand darauf. So kam er unter den

Train. »Den Winter über blieben wir in Freiburg«, fuhr er fort, »und es ging uns ziemlich gut; mir auch, weil Friedrich mich oft erinnerte und mir half, wenn ich etwas verkehrt machte. Im Frühling mussten wir marschieren, nach Ungarn, und im Herbst ging der Krieg mit den Türken los. Ich kann nicht viel davon nachsagen, denn ich wurde gleich in der ersten Affäre gefangen und bin seitdem sechsundzwanzig Jahre in der türkischen Sklaverei gewesen!« – »Gott im Himmel! das ist doch schrecklich!« sagte Frau von S. – »Schlimm genug; die Türken halten uns Christen nicht besser als Hunde; das Schlimmste war, dass meine Kräfte unter der harten Arbeit vergingen; ich ward auch älter und sollte noch immer tun wie vor Jahren.«

Er schwieg eine Weile. »Ja«, sagte er dann, »es ging über Menschenkräfte und Menschengeduld; ich hielt es auch nicht aus. – Von da kam ich auf ein holländisches Schiff.« – »Wie kamst du denn dahin?« fragte der Gutsherr. – »Sie fischten mich auf, aus dem Bosporus«, versetzte Johannes. Der Baron sah ihn befremdet an und hob den Finger warnend auf; aber Johannes erzählte weiter. Auf dem Schiffe war es ihm nicht viel besser gegangen. »Der Skorbut riss ein; wer nicht ganz elend war, musste über Macht arbeiten, und das Schiffstau regierte ebenso streng wie die türkische Peitsche. Endlich«, schloss er, »als wir nach Holland kamen, nach Amsterdam, ließ man mich frei, weil ich unbrauchbar war, und der Kaufmann, dem das Schiff gehörte, hatte auch Mitleiden mit mir und wollte mich zu seinem Pförtner machen. Aber« – er schüttelte den Kopf – »ich bettelte mich lieber durch bis hieher.« – »Das war dumm genug«, sagte der Gutsherr. – Johannes seufzte tief: »O Herr, ich habe mein Leben zwischen Türken und Ketzern zubringen müssen, soll ich nicht wenigstens auf einem katholischen Kirchhofe liegen?« Der Gutsherr hatte seine Börse gezogen: »Da,

kam er unter den Train → Seite 72

Affäre Gefecht

Bosporus die Meerenge zwischen Europa und Kleinasien, die Region des heutigen Istanbul

Skorbut Erkrankung (mit einem breiten Spektrum von Symptomen), die durch großen und anhaltenden Vitamin-C-Mangel ausgelöst wird

über Macht über sein Vermögen, seine Kräfte hinaus

Ketzern Heiden (hier: Nichtchristen)

Börse Geldbeutel

Johannes, nun geh und komm bald wieder. Du musst mir das alles noch ausführlicher erzählen; heute ging es etwas konfus durcheinander. Du bist wohl noch sehr müde?« – »Sehr müde«, versetzte Johannes; »und«, er deutete auf seine Stirn, »meine Gedanken sind zuweilen so kurios, ich kann nicht recht sagen, wie es so ist.« – »Ich weiß schon«, sagte der Baron, »von alter Zeit her. Jetzt geh. Hülsmeyers behalten dich wohl noch die Nacht über, morgen komm wieder.«

kurios (lat.-frz.) seltsam, absonderlich

Herr von S. hatte das innigste Mitleiden mit dem armen Schelm; bis zum folgenden Tage war überlegt worden, wo man ihn einmieten könne; essen sollte er täglich im Schlosse, und für Kleidung fand sich auch wohl Rat. »Herr«, sagte Johannes, »ich kann auch noch wohl etwas tun; ich kann hölzerne Löffel machen, und Ihr könnt mich auch als Boten schicken.« Herr von S. schüttelte mitleidig den Kopf: »Das würde doch nicht sonderlich ausfallen.« – »O doch Herr, wenn ich erst im Gange bin – es geht nicht schnell, aber hin komme ich doch, und es wird mir auch nicht so sauer, wie man denken sollte.« – »Nun«, sagte der Baron zweifelnd, »willst du's versuchen? hier ist ein Brief nach P. Es hat keine sonderliche Eile.«

wird mir auch nicht so sauer fällt mir auch nicht so schwer

Am folgenden Tage bezog Johannes sein Kämmerchen bei einer Witwe im Dorfe. Er schnitzelte Löffel, aß auf dem Schlosse und machte Botengänge für den gnädigen Herrn. Im Ganzen ging's ihm leidlich; die Herrschaft war sehr gütig, und Herr von S. unterhielt sich oft lange mit ihm über die Türkei, den österreichischen Dienst und die See. – »Der Johannes könnte viel erzählen«, sagte er zu seiner Frau, »wenn er nicht so grundeinfältig wäre.« – »Mehr tiefsinnig als einfältig«, versetzte sie; »ich fürchte immer, er schnappt noch über.« – »Ei bewahre!« antwortete der Baron, »er war sein Leben lang ein Simpel; simple Leute werden nie verrückt.«

tiefsinnig grüblerisch, verrückt

Simpel Einfaltspinsel

Nach einiger Zeit blieb Johannes auf einem Botengange über Gebühr lange aus. Die gute Frau von S. war sehr besorgt um ihn und wollte schon Leute aussenden, als man ihn die Treppe heraufstelzen hörte. – »Du bist lange ausgeblieben, Johannes«, sagte sie; »ich dachte schon, du hättest dich im Brederholz verirrt.« – »Ich bin durch den Föhrengrund gegangen.« – »Das ist ja ein weiter Umweg; warum gingst du nicht durchs Brederholz?« – Er sah trübe zu ihr auf: »Die Leute sagten mir, der Wald sei gefällt, und jetzt seien so viele Kreuz- und Querwege darin, da fürchtete ich, nicht wieder hinauszukommen. Ich werde alt und duselig«, fügte er langsam hinzu. – »Sahst du wohl«, sagte Frau von S. nachher zu ihrem Manne, »wie wunderlich und quer er aus den Augen sah? Ich sage dir, Ernst, das nimmt noch ein schlimmes Ende.«

Föhrengrund Kiefern- oder Fichtenwäldchen

Indessen nahte der September heran. Die Felder waren leer, das Laub begann abzufallen und mancher Hektische fühlte die Schere an seinem Lebensfaden. Auch Johannes schien unter dem Einflusse des nahen Äquinoktiums zu leiden; die ihn in diesen Tagen sahen, sagen, er habe auffallend verstört ausgesehen und unaufhörlich leise mit sich selber geredet, was er auch sonst mitunter tat, aber selten. Endlich kam er eines Abends nicht nach Hause. Man dachte, die Herrschaft habe ihn verschickt, am zweiten auch nicht, am dritten Tage ward seine Hausfrau ängstlich. Sie ging ins Schloss und fragte nach. – »Gott bewahre«, sagte der Gutsherr, »ich weiß nichts von ihm; aber geschwind den Jäger gerufen und Försters Wilhelm! Wenn der armselige Krüppel«, setzte er bewegt hinzu, »auch nur in einen trockenen Graben gefallen ist, so kann er nicht wieder heraus. Wer weiß, ob er nicht gar eines von seinen schiefen Beinen gebrochen hat! – Nehmt die Hunde mit«, rief er den abziehenden Jägern nach, »und sucht vor allem in den Gräben; seht in die Steinbrüche!« rief er lauter.

Äquinoktiums Tagundnachtgleiche (um den 21. März und 23. September)

Endlich Schließlich

Hausfrau Hauswirtin, Vermieterin

Die Jäger kehrten nach einigen Stunden heim; sie hatten keine Spur gefunden. Herr von S. war in großer Unruhe: »Wenn ich mir denke, dass einer so liegen muss wie ein Stein, und kann sich nicht helfen! Aber er kann noch leben; drei Tage hält's ein Mensch wohl ohne Nahrung aus.« – Er machte sich selbst auf den Weg; in allen Häusern wurde nachgefragt, überall in die Hörner geblasen, gerufen, die Hunde zum Suchen angehetzt – umsonst! – Ein Kind hatte ihn gesehen, wie er am Rande des Brederholzes saß und an einem Löffel schnitzelte; »er schnitt ihn aber ganz entzwei«, sagte das kleine Mädchen. Das war vor zwei Tagen gewesen. Nachmittags fand sich wieder eine Spur: abermals ein Kind, das ihn an der andern Seite des Waldes bemerkt hatte, wo er im Gebüsch gesessen, das Gesicht auf den Knien, als ob er schliefe. Das war noch am vorigen Tage. Es schien, er hatte sich immer um das Brederholz herumgetrieben.

»Wenn nur das verdammte Buschwerk nicht so dicht wäre! da kann keine Seele hindurch«, sagte der Gutsherr. Man trieb die Hunde in den jungen Schlag; man blies und hallote und kehrte endlich missvergnügt heim, als man sich überzeugt, dass die Tiere den ganzen Wald abgesucht hatten. – »Lasst nicht nach! lasst nicht nach!« bat Frau von S.; »besser ein paar Schritte umsonst, als dass etwas versäumt wird.« – Der Baron war fast ebenso beängstigt wie sie. Seine Unruhe trieb ihn sogar nach Johannes' Wohnung, obwohl er sicher war, ihn dort nicht zu finden. Er ließ sich die Kammer des Verschollenen aufschließen. Da stand sein Bett noch ungemacht, wie er es verlassen hatte; dort hing sein guter Rock, den ihm die gnädige Frau aus dem alten Jagdkleide des Herrn hatte machen lassen; auf dem Tische ein Napf, sechs neue hölzerne Löffel und eine Schachtel. Der Gutsherr öffnete sie; fünf Groschen lagen darin, sauber in Papier gewickelt, und vier silberne Westenknöpfe; der Gutsherr betrachtete sie aufmerksam. »Ein Andenken von Mergel«, murmelte er und trat hinaus, denn ihm ward ganz beengt in dem dumpfen, engen Kämmerchen. Die Nachsuchungen wurden fortgesetzt, bis man sich überzeugt hatte, Johannes sei nicht mehr in der Gegend, wenigstens nicht lebendig. So war er denn zum zweiten Mal verschwunden; ob man ihn wiederfinden würde – vielleicht einmal nach Jahren seine Knochen in einem trockenen Graben? ihn lebend wiederzusehen, dazu war wenig Hoffnung, und jedenfalls nach achtundzwanzig Jahren gewiss nicht.

Rock
vgl. Seite 17 bzw. 71

Vierzehn Tage später kehrte der junge Brandis morgens von einer Besichtigung seines Reviers durch das Brederholz heim. Es war ein für die Jahreszeit ungewöhnlich heißer Tag; die Luft zitterte, kein Vogel sang, nur die Raben krächzten langweilig aus den Ästen und hielten ihre offenen Schnäbel der Luft entgegen. Brandis war sehr ermüdet. Bald nahm er seine von der Sonne durchglühte Kappe ab, bald setzte er sie wieder auf. Es war alles gleich unerträglich, das Arbeiten durch den kniehohen Schlag sehr beschwerlich. Ringsumher kein Baum außer der Judenbuche. Dahin strebte er denn auch aus allen Kräften und ließ sich todmatt auf das beschattete Moos darunter nieder. Die Kühle zog so angenehm durch seine Glieder, dass er die Augen schloss. »Schändliche Pilze!« murmelte er halb im Schlaf. Es gibt nämlich in jener Gegend eine Art sehr saftiger Pilze, die nur ein paar Tage stehen, dann einfallen und einen unerträglichen Geruch verbreiten. Brandis glaubte solche unangenehmen Nachbarn zu spüren, er wandte sich ein paarmal hin und her, mochte aber doch nicht aufstehen; sein Hund sprang unterdessen umher, kratzte am Stamm der Buche und bellte hinauf. –

Schlag Waldstück, in dem Bäume gefällt worden sind oder werden

»Was hast du da, Bello? eine Katze?« murmelte Brandis. Er öffnete die Wimper halb und die Judenschrift fiel ihm ins Auge, sehr ausgewachsen, aber doch noch ganz kenntlich. Er schloss die Augen wieder; der Hund fuhr fort zu bellen und legte endlich seinem Herrn die kalte Schnauze ans Gesicht. – »Lass mich in Ruh! was hast du denn?« Hiebei sah Brandis, wie er so auf dem Rücken lag, in die Höhe, sprang dann mit einem Satze auf und wie besessen ins Gestrüpp hinein. Totenbleich kam er auf dem Schlosse an: in der Judenbuche hänge ein Mensch; er habe die Beine gerade über seinem Gesichte hängen sehen. – »Und du hast ihn nicht abgeschnitten, Esel?« rief der Baron. – »Herr«, keuchte Brandis, »wenn Ew. Gnaden da gewesen wären, so wüssten Sie wohl, dass der Mensch nicht mehr lebt. Ich glaubte anfangs, es seien die Pilze.« Dennoch trieb der Gutsherr zur größten Eile und zog selbst mit hinaus.

Ew. vgl. Seite 51

Sie waren unter der Buche angelangt. »Ich sehe nichts«, sagte Herr von S. – »Hierher müssen Sie treten, hierher, an diese Stelle!« – Wirklich, dem war so: der Gutsherr erkannte seine eigenen abgetragenen Schuhe. – »Gott, es ist Johannes! – Setzt die Leiter an! – so – nun herunter! – sacht, sacht! lasst ihn nicht fallen! – Lieber Himmel, die Würmer sind schon daran! Macht dennoch die Schlinge auf und die Halsbinde.« – Eine breite Narbe ward sichtbar; der Gutsherr fuhr zurück. – »Mein Gott!« sagte er; er beugte sich wieder über die Leiche, betrachtete die Narbe mit großer Aufmerksamkeit und schwieg eine Weile in tiefer Erschütterung. Dann wandte er sich zu den Förstern: »Es ist nicht recht, dass der Unschuldige für den Schuldigen leide; sagt es nur allen Leuten: der da« – er deutete auf den Toten – »war Friedrich Mergel.« – Die Leiche ward auf dem Schindanger verscharrt.

Halsbinde Mitte des 17. Jahrhunderts kam die Halsbinde für Männer (vor allem der Oberschicht) auf: ein weißes Tuch, das doppelt um den Hals gelegt und vorne geknotet wurde.

Schindanger → Seite 72

Dies hat sich nach allen Hauptumständen wirklich so begeben im September des Jahrs 1789. – Die hebräische Schrift an dem Baume heißt:

»Wenn du dich diesem Orte nahest, so wird es dir ergehen, wie du mir getan hast.«

Zur Textgestalt

Textgrundlage dieses Bands ist die Erstausgabe der Erzählung »Die Judenbuche« als Zeitschriftenabdruck in sechzehn Folgen (Nr. 96 bis 111, 22. April bis 10. Mai 1842) im 36. Jahrgang des »Morgenblatts für gebildete Leser« (bis 1836: »Morgenblatt für gebildete Stände«) der J. G. Cotta'schen Verlagsbuchhandlung (Stuttgart und Tübingen).

Immer dort, wo im Erstdruck eine Folge endete und eine neue begann, ist in der vorliegenden Ausgabe ein Seitenumbruch eingefügt. Diese Seitenumbrüche markieren aber, wie man beim Lesen schnell merkt, keine inhaltlichen Abschnitte und dürfen nicht als Kapiteleinschnitte missverstanden werden.

Die Rechtschreibung ist an den heutigen Stand angepasst. Zeichensetzung und Lautstand blieben jedoch unangetastet, wie es mittlerweile bei Neuausgaben älterer Werke üblich ist. So sind Formen wie »staubigten«, »holzigten«, »Hülfe« (bzw. »Beihülfe« oder »Gehülfe«), »Schoppen« (anstelle von »Schuppen«), »hieher« oder »hiebei« unverändert aus dem Originaltext übernommen worden. Wegen der nur geringfügigen lautlichen Abweichung ist jedoch »allmähligen« in »allmählichen« korrigiert worden; das Gleiche gilt für »Brod« (»Brot«). Bei den voneinander abweichenden Formen »Gerichtsschreiber« (S. 37, Z. 12) und »Gerichtschreiber« (S. 37, Z. 21 f. und 27) ist ebenso auf eine Vereinheitlichung verzichtet worden wie bei den unterschiedlichen Schreibungen »Holzschenvioline« (S. 21, Z. 2 f.) und »Holschenvioline« (S. 22, Z. 19).

Der Vorname von Friedrich Mergels Mutter wird bei der ersten Erwähnung als »Margareth« (S. 9, Z. 6 f.) angegeben; anschließend steht dann jeweils die verkürzte Form »Margreth«. Wohl um ein Versehen der Autorin oder des Setzers handelt es sich dagegen, wenn der Name des Försters »Brandis« auch in der Form »Brandes« auftaucht; entsprechend ist die Schreibung in diesem Fall vereinheitlicht worden.

Ganz am Ende der Novelle (S. 66, Z. 17) ist die im Originaltext stehende Jahresangabe 1788, wie in den meisten anderen neueren Ausgaben auch, in 1789 korrigiert, denn Friedrich kehrt ja erst Weihnachten 1788 in die Heimat zurück (vgl. S. 55, Z. 9).

Erläuterungen

S. 5 Wo ist … dein eignes Haupt! – Der Vorspruch stammt vermutlich von Annette von Droste-Hülshoff selbst.
Gebirges Der Teutoburger Wald ist ein Mittelgebirgszug, der größtenteils in Ostwestfalen liegt; er war Schauplatz der Hermannsschlacht im Jahr 9 n. Chr.
Heerstraßen breit ausgebaute Straßen, auf denen ein Heer (mit seinem schwerfälligen Tross) entlangziehen konnte; seinerzeit wichtige Verkehrsadern einer Region
Ulysses lateinische Bezeichnung für Odysseus, der erst nach langen Irrfahrten aus dem Trojanischen Krieg nach Hause heimkehrt

S. 7 minder kleiner Glasscheiben Die Herstellung größerer Glasscheiben war seinerzeit schwierig und kostspielig. Fensterscheiben waren zumeist aus einer Vielzahl kleiner Glasscheiben zusammengesetzt.

S. 12 Bittfahrt zur Muttergottes von Werl In der Franziskanerkirche von Werl im Kreis Soest befindet sich ein Gnadenbild der Maria. Die Kirche ist ein Ziel für Wallfahrten.

S. 14 Brederholzes Waldgebiet zwischen Bellersen (dem »Dorf B.« der Erzählung) und der nördlich davon gelegenen Stadt Bredenborn (»Brede«); in der Erzählung auch »Masterholz« genannt
Zellerkolk im Brederholz gelegener Teich in der Nähe des Guts Abbenburg nördlich von Bellersen. ›Kolk‹ ist eine niederdeutsche Bezeichnung für ›Wasserloch‹.

S. 17 Schöße des roten Rocks Der Rock, lange Zeit das Herrenoberbekleidungsstück schlechthin, entspricht einem heutigen Sakko, mit dem Unterschied, dass Oberteil und die (im Vergleich zu heutigen Schnitten) langen Schöße getrennt zurechtgeschnitten und durch eine Taillennaht miteinander verbunden wurden.

S. 26 Wanderraupe volkstümliche Bezeichnung für den Eichenprozessionsspinner, einen Falter, dessen Raupe sich vor allem von Eichen- und Buchenblättern ernährt (oft zum erheblichen Schaden des Wirtsbaums)

S. 42 Dilettanten Liebhaber (von lat. ›delectare‹: ›sich ergötzen‹); hier im Gegensatz zum Berufsmusiker

ad libitum (lat.) nach Belieben (viele Musikstücke enthalten eine Bassstimme ad libitum: sie kann mitgespielt, aber auch weggelassen werden)

S. 47 »Ist das Feuer auch gewiss gut verwahrt?« Frau von S. ist in Sorge, dass der Sturmwind das Feuer anfacht und das Schloss in Brand setzt.

S. 53 Le vrai n'est pas toujours vraisemblable (frz.) ›Das Wahre ist nicht immer wahrscheinlich‹; leicht abgewandeltes Zitat aus dem dritten Kapitel der »Art poétique« (1674; »Dichtkunst«) von Nicolas Boileau (1636–1711)

S. 55 Ein Kindelein so löbelich … Erlös uns von der Hölle! leicht abgewandelte erste Strophe eines alten vierstrophigen Kirchenliedes, das zu Beginn des 19. Jahrhunderts in manchen westfälischen Gesangbüchern enthalten war

S. 60 kam er unter den Train wurde er in den Truppenteil gesteckt bzw. eingegliedert, der den Nachschub (Munition, Verpflegung) für die kämpfende Truppe besorgt und befördert

S. 66 Schindanger Platz, an dem der Abdecker (Schinder) die Resteverwertung von toten Tieren vornahm; da Selbstmord in den Augen der Kirche als schwere Sünde galt, erhielten Selbstmörder kein christliches Begräbnis.

Leben und Werk im Überblick

Hülshoff bei Münster, 1797–1818

Anna Elisabeth (genannt Annette) von Droste-Hülshoff kommt am 10. Januar **1797** auf Schloss Hülshoff bei Münster zur Welt. Die Droste-Hülshoffs sind ein alteingesessenes westfälisches Adelsgeschlecht, das allerdings über keinen großen politischen Einfluss verfügt. Der Vater Clemens August von Droste-Hülshoff (1760–1826), dem sich Annette zeitlebens sehr verbunden fühlt, widmet sich vor allem privaten Interessen wie der Vogelkunde, dem Geigenspiel und der Erforschung von Geschichte und Volksglauben seiner Heimatregion. Die Mutter Therese Luise (1772–1853) entstammt ebenfalls einer alten westfälischen Adelsfamilie, den Haxthausens, die auf Schloss Bökerhof im Kreis Höxter (30 Kilometer östlich von Paderborn) sitzen. Sie ist die zweite Frau des Vaters, dessen erste Ehe kinderlos geblieben war. Aus dieser zweiten Ehe gehen vier Kinder hervor: Neben Annette ihre ältere Schwester Anna Maria (genannt Jenny, 1795–1859) sowie die beiden jüngeren Brüder Werner Konstantin (1798–1867) und Ferdinand (1800–1829).

Annette ist ein begabtes, sensibles Kind, das zu nervlicher Überreiztheit neigt, welche wiederum schnell in Krankheitsanfälle umschlägt. Sie nimmt am Privatunterricht der beiden Brüder teil. Daneben zeigt sie großes musikalisches Talent und fertigt schon in jungen Jahren kleine Kompositionen an. Anregungen gehen dabei nicht nur vom musikalischen Vater, sondern auch von dessen Bruder Maximilian Friedrich (1764–1840) aus, der selbst – im Stil der Wiener Klassik – komponiert, von Joseph Haydn (1732–1809) gefördert wird und mit dem berühmten Komponisten befreundet ist.

Zwischen 1804 und 1808 entstehen, ermutigt von der Mutter, die für Annettes literarische Bildung sorgt, erste Gedichte, die im Bekanntenkreis herumgereicht werden. Annette übersetzt die Hirtengedichte (»Eklogen«) des römischen Dichters Vergil (70–19 v. Chr.)

und verfasst weitere Gedichte im empfindsamen Stil. Bereits mit zwölf Jahren wird sie von dem in Münster tätigen Zeitungsherausgeber Christian Friedrich Raßmann (1772–1831) um Beiträge gebeten. Anschließend nimmt sie Anton Mathias Sprickmann (1749–1833), der als Juraprofessor an der Universität Münster lehrt und nebenher erfolgreich Dramen und Textbücher für Opern schreibt, für einige Jahre – **zwischen 1812 und 1819** – unter seine Fittiche.

Auch die Aufenthalte bei der Verwandtschaft mütterlicherseits auf Schloss Bökerhof in Bökendorf bringen Annette in Kontakt mit literarischen Bestrebungen. Die beiden jüngeren Halbbrüder der Mutter, Werner (1780–1842) und August (1792–1866), sind gute Bekannte von Clemens Brentano (1778–1842) und Achim von Arnim (1781 bis 1831), den Herausgebern und Bearbeitern der schnell berühmt gewordenen Volksliedersammlung »Des Knaben Wunderhorn« (3 Bände, 1805–1808). Bei diesem Projekt sind sie von Jacob (1785–1863) und Wilhelm Grimm (1786–1859) unterstützt worden, zwei jungen Juristen, deren ganze Leidenschaft der deutschen Volkspoesie gilt. 1812 veröffentlichen die Brüder Grimm den ersten Band ihrer »Kinder- und Hausmärchen«, dem sie 1815 einen zweiten Band mit weiteren Märchen folgen lassen. Zu den wichtigsten Beiträgern dieses zweiten Bands gehören die Brüder Haxthausen und auch Annette von Droste-Hülshoff. **1813** hält sich die Vierzehnjährige bei den Verwandten auf, als Wilhelm Grimm zu Besuch kommt. Dieser berichtet dem Bruder befriedigt über den Ertrag seines Aufenthalts und äußert sich beeindruckt, aber auch deutlich kritisch über Annette: »Ich habe die Zeit angenehm zugebracht. Märchen, Lieder und Sagen, Sprüche usw. wissen sie die Menge [...]. Ich müßte etwa 4–6 Wochen daseyn, um alles ruhig und genau aufschreiben zu können, eins stört das andere mit Besserwissen, Gespräch dazwischen usw. Die Fräulein aus dem Münsterland wußten am meisten, besonders die jüngste, es ist schade, daß sie etwas vordringliches und unangenehmes in ihrem Wesen hat, es war nicht gut mit ihr fertig werden; sie ist mit 7 Monat auf die Welt gekommen und hat so durchaus etwas frühreifes bei vielen Anlagen. Sie wollte durchaus brilliren und kam von einem ins andere; doch hat sie mir fest versprochen, alles aufzuschreiben, was sie noch wisse und nachzuschicken. Die andere [die Schwester Jenny] ist das ganze Gegenteil, sanft und still; die hat mir versprochen, zu sorgen, daß sie Wort hält.« (Brief vom 28. Juli 1813)

Ein solches Urteil sagt natürlich ebenso viel über die Erwartungen des Urteilenden aus wie über das tatsächliche Verhalten der beurteilten Person. Aber auch andere Zeugnisse sprechen eine ähnliche Sprache. In einem, trotz aller einzelnen Anregungen, insgesamt doch sehr prosaischen, von einem engen Kreis immer gleicher Gesichter geprägten Umfeld aufwachsend – die kulturelle Rückständigkeit Westfalens war geradezu sprichwörtlich –, giert Annette als Jugendliche nach intellektuellem Austausch. Wenn sich ausnahmsweise die Gelegenheit dazu bietet, gerät sie entsprechend in Gefahr, sich allzu heftig in Szene zu setzen, wodurch sie einen ruhigen Menschen wie Wilhelm Grimm eher abschreckt.

Ihr Außenseitertum ist ihr dabei vollkommen bewusst. Die Empfindung des Fremdseins kommt in ihren Briefen an den Mentor Sprickmann vielfach zum Ausdruck; ebenso in ihrem ab **1813** entstehenden Dramenfragment »Bertha«.

1815 erkrankt sie erstmals schwer, möglicherweise aufgrund einer Fehlfunktion der Schilddrüse. Eine eindeutige Diagnose ihrer anhaltenden Gesundheitsbeschwerden bleibt zeitlebens aus. Unübersehbar ist jedoch der psychosomatische Einschlag dieser Leiden: Immer wenn sie sich in die Fremde aufmacht, andere Luft atmet und neue Bekanntschaften schließt, lebt sie auf. Zurück in der heimatlichen Sphäre stellen sich auch die Beschwerden (anhaltende Kopf- und Augenschmerzen, Magenprobleme, Übelkeit, Atemnot und anderes mehr) wieder ein.

1818 verfasst Annette von Droste-Hülshoff ein Versepos (»Walter«), eine tragische Liebesgeschichte (der Held endet als Einsiedler). Den Sommer verbringt sie wieder auf Schloss Bökerhof. Anschließend besucht sie Jacob und Wilhelm Grimm in Kassel.

Bökendorf, Bad Driburg, Hülshoff, Köln und Bonn, 1819–1831

Ab Frühjahr **1819** ist Annette von Droste-Hülshoff mehr als ein Jahr von zu Hause fort. Sie reist zu den Haxthausens und von dort im Juni zur Kur ins nahe gelegene Bad Driburg. Tatsächlich verbessert sich dort ihre Gesundheit, aber die Geldschneiderei des Kurbetriebs, die ihre knappe Kasse belastet, ärgert sie sehr. So zieht es sie nach einer Weile wieder zu den Verwandten auf Schloss Bökerhof. Dort trifft sie – wie bereits bei ihrem Besuch im Vorjahr und während der Ostertage 1819 – auch Heinrich Straube (1794–1847) an, einen Freund ihres Onkels August. Er und Straube haben zusammen in Göttingen Jura studiert und August hat Straube nach dem Bankrott von dessen Vater finanziell unterstützt. Seither verbringt er regelmäßig die Sommer bei Haxthausens in Bökendorf. Er sieht nicht sonderlich gut aus, ist aber freundlich und charmant, wirkt genialisch und gilt im Freundeskreis als kommender bedeutender Dichter. Im **Sommer 1820** entspinnt sich zwischen Annette und ihm eine Liebesromanze, die von den Haxthausens zunächst wohlwollend ignoriert, dann aber, als die Sache ernster zu werden scheint, zunehmend missbilligt und unterminiert wird. Es kommt zu einer hässlichen Intrige, bei der vor allem Anna von Haxthausen (1801–1877), eine Schwester Werners und Augusts, die Fäden zieht. August von Arnswaldt (1798–1855), ein Kommilitone (Mitstudent) Straubes – Arnwaldts Vater ist Kurator (Vertreter des Ministers vor Ort) der Universität Göttingen – und ebenfalls ein Freund der Familie (1830 wird er Anna heiraten), wird, nachdem Straube abgereist ist, herbeigerufen und erhält den Auftrag, heftig mit Annette zu flirten. Diese lässt sich von dem attraktiven Arnswaldt vorübergehend tatsächlich den Kopf verdrehen und gibt ihm Zeichen ihrer Zuneigung. Als sie ihren Fehler erkennt, ist es schon zu spät. Straube wird die Sache hinterbracht und der enttäuschte Liebhaber wendet sich ab, ohne Annette die Möglichkeit zu geben, sich zu verteidigen. Sie sieht ihn nie wieder.

Diese Episode hinterlässt tiefe Spuren in Annette von Droste-Hülshoffs Leben. Sie sucht keine weitere Chance auf Liebesglück.

Bökendorf meidet sie für die nächsten 18 Jahre; von den dort regelmäßig stattfindenden Familientreffen hält sie sich fern.

Ein in Bökendorf begonnener Gedichtzyklus für ihre tiefreligiöse Stiefgroßmutter Maria Anna von Haxthausen, der zu jedem kirchlichen Festtag ein eigenes religiöses Gedicht enthalten soll (»Das Geistliche Jahr in Liedern auf alle Sonn- und Festtage«), verändert bei seiner Fortsetzung unter dem Eindruck der Erlebnisse seinen Charakter. An Anna – die vier Jahre jüngere Tante – schreibt Annette von Droste-Hülshoff, als sie einen Teil der Lieder übersendet: »Du hast recht, sie sind für mich selbst gemacht. [...] Der Zustand meines ganzen Gemütes, mein zerrissenes schuldbeladenes Bewusstsein liegt offen darin.« Aus geistlichen Erbauungsliedern werden Zeugnisse der religiösen Verzweiflung und Desillusionierung, mit denen die Stiefgroßmutter verständlicherweise wenig anfangen kann. Entsprechend bleibt der Zyklus (zunächst) unvollendet.

Auch das Projekt eines Gegenwartsromans mit dem Titel »Ledwina«, in dem die Autorin das Schicksal einer sensiblen jungen Frau schildert und dabei auch ihre eigene Situation zu klären versucht, scheitert. Für längere Zeit gibt Annette von Droste-Hülshoff daraufhin ihre literarischen Pläne vollständig auf und beschäftigt sich stattdessen intensiv mit Musik. Sie studiert ein Buch ihres Onkels Maximilian Friedrich über den Generalbass und verfolgt verschiedene Opernprojekte.

Im **Oktober 1825** reist Annette von Droste-Hülshoff an den Rhein, wo sie ihren Onkel Werner von Haxthausen, der seit 1815 als Regierungsrat in Köln tätig ist, und seine aus dem Kölner Stadtadel stammende Frau sowie ihren als Juraprofessor an der kürzlich (1818) gegründeten Bonner Universität lehrenden Cousin Clemens August von Droste-Hülshoff und dessen Frau Pauline besucht. Hier lebt sie auf und knüpft Bekanntschaften im Kreis der Bonner Professoren (beispielsweise August Wilhelm Schlegel) und Freundschaften zu wohlhabenden und kultivierten Frauen – vor allem zu der 25 Jahre älteren Generalswitwe Wilhelmine von Thielmann in Koblenz und zu der gleichaltrigen Bankiersgattin Sibylle Mertens-Schaffhausen –, die lange, auch über manche Krisen hinweg, halten und ihr immer wieder die Möglichkeit bieten, auf einige Zeit Abstand von ihrer als unverheiratetes ›altes Mädchen‹ zunehmend bedrückenden familiären Situation zu gewinnen. Zur Verschärfung dieser Situation trägt auch der Tod des Vaters im April **1826** bei. Die Mutter überlässt ihrem älteren Sohn Werner das Schloss und bezieht im Herbst mit ihren beiden Töchtern, die mit vergleichsweise bescheidenen Leibrenten ausgestattet werden, das Rüschhaus, ein in der Nähe gelegenes, Mitte des 18. Jahrhunderts erbautes Landhaus, das sie zuvor als Witwensitz erworben hat.

Im **Sommer 1828** reist Annette von Droste-Hülshoff erneut für einige Zeit an den Rhein. Ihre Gesundheit bessert sich und sie nimmt ihre literarischen Arbeiten wieder auf. Hauptsächlich beschäftigt sie ein Versepos »Das Hospiz auf dem großen Sankt Bernhard«.

Im Juni **1829** stirbt ihr geliebter, schon seit Längerem lungenkranker jüngerer Bruder Ferdinand. Annette hat die Pflege des Sterbenskranken übernommen und dabei wieder viel Kraft eingebüßt. Sie begibt sich in die Behandlung des Homöopathen Clemens Maria von Bönninghausen (1785–1864).

Von **Herbst 1830 bis Frühjahr 1831** unternimmt Annette von Droste-Hülshoff ihre dritte Rheise an den Rhein. Sie schließt Freundschaft mit der gleichaltrigen Adele Schopenhauer (1797–1849), der Schwester des Philosophen Arthur Schopenhauer (1788–1860), die seit 1828 mit ihrer Mutter, der erfolgreichen Schriftstellerin Johanna Schopenhauer (1766–1838), bei Bonn lebt. Adele berichtet von Weimar, wo sie mit der Mutter lange gelebt und vertrauten Umgang mit Goethe gehabt hat.

Rüschhaus bei Münster, Bonn, Eppishausen (Schweiz), 1831–1841

Nach ihrer Rückkehr ins Rüschhaus begegnet Annette von Droste-Hülshoff dort dem zu dieser Zeit sechzehnjährigen Levin Schücking, dem Sohn der westfälischen Dichterin Katharina Schücking, mit der sie seit Langem bekannt ist. Levin soll nach dem Wunsch der Mutter das Gymnasium in Münster besuchen. Die Mutter bittet Annette, sich seiner anzunehmen. Als Katharina Schücking im November desselben Jahres stirbt, wächst Annette von Droste-Hülshoffs Verantwortung für den jungen Mann. Zu einem näheren Kontakt kommt es aber erst ab 1838.

Im **Frühjahr 1833** schließt Annette von Droste-Hülshoff die erste Reinschrift ihres umfangreichen Versepos »Das Hospiz auf dem großen Sankt Bernhard« ab. **1834** beginnt ihre Freundschaft mit dem blinden Philologen (Sprach- und Literaturwissenschaftler) und späteren Philosophieprofessor in Münster Christoph Bernhard Schlüter (1801–1884). Während eines Aufenthaltes in Holland wird im Sommer eine zweite Verserzählung, »Des Arztes Vermächtnis«, beendet. Im Oktober heiratet ihre Schwester Jenny den viel älteren und bereits zweifach verwitweten Freiherrn Joseph von Laßberg (1770–1855), einen Freund Werner von Haxthausens, der sich seit Langem als Sammler mittelalterlicher Bücher und Manuskripte – unter anderem besitzt er eine Handschrift des Nibelungenliedes – einen Namen gemacht hat. Sie zieht zu ihm auf Schloss Eppishausen im Thurgau (Schweiz), wo Laßberg seit 1817 wohnt.

Im Sommer **1835** reist Annette von Droste-Hülshoff über Bonn nach Eppishausen, um die Schwester und den Schwager zu besuchen. Sie bleibt ein Jahr. Die Hoffnung, dass Laßberg ihr über seinen Kontakt mit Gustav Schwab die Möglichkeit eröffnen könnte, ihre Versepen in Tübingen bei Cotta, dem Verleger Schillers und Goethes, unterzubringen, erfüllt sich nicht. Laßberg ignoriert die dichterischen Arbeiten der Schwägerin, die wiederum den ausschließlichen Mittelalterenthusiasmus von Laßberg und seinem Freundeskreis mit Spott quittiert. Unter dem Eindruck der Schweizer Gebirgslandschaft entstehen zahlreiche Gedichte. Im Herbst **1836** reist Annette von Droste-Hülshoff nach Bonn, wo sie den Winter bei der Witwe ihres Cousins, Pauline, verbringt. Im Februar **1837** kehrt sie, grippekrank, nach Hause zurück.

1837 entsteht ein drittes Versepos, »Die Schlacht im Loener Bruch«, das von einer Schlacht aus dem Dreißigjährigen Krieg erzählt, die 1623 bei Stadtlohn nahe Münster stattgefunden hat. **1838** kommt es durch die Vermittlung von Schlüter zu der ersehnten ersten Buchveröffentlichung: Der in Münster ansässige Verlag Aschendorff bringt den Band »Gedichte von Annette Elisabeth v. D... H...« in einer Auflage von 400 Exemplaren heraus. Er enthält vor allem die drei Versepen und stößt auf kein nennenswertes Publikumsinteresse. Trotz der modernen, detailgenauen und realistischen Behandlung der Stoffe wirken die drei Werke bereits um 1840 etwas aus der Zeit gefallen – niemand schreibt zu dieser Zeit mehr Versepen. Bis heute haben sie es auch bei Kennern und Liebhabern des Werks von Annette von Droste-Hülshoff schwer.

Einen gewissen Ausgleich für die Enttäuschung über die mangelnde Resonanz auf ihr erstes Buch bietet die sich im **Winter 1838** in Münster formierende »Hecken-Schriftstellergesellschaft«. Initiatorin ist Elise Rüdiger, geborene von Hohenhausen (1812–1883), deren Mutter bereits in Berlin einen literarischen Salon geführt hatte, in dem unter anderem Heinrich Heine verkehrte. In diesem Kreis findet Annette von Droste-Hülshoff anregende Gesprächspartner. Auch der junge Levin Schücking, zu dem sich nun der Kontakt intensiviert, ist mit von der Partie.

Zu dieser Zeit arbeitet Annette von Droste-Hülshoff an ihrem später berühmtesten Werk, der Erzählung »Die Judenbuche«. Eine erste Erwähnung des Projekts (»Kriminalgeschichte, Friedrich Mergel«) findet sich in einem Brief vom August 1837. Im Sommer 1841 liegt die Erzählung fertig vor. Es handelt sich einmal mehr um einen regional verankerten Stoff: Die Autorin greift einen Mordfall auf, der sich im Februar 1783 im Gutsbezirk ihres Großvaters Werner Adolf von Haxthausen zugetragen hatte. Der Knecht Hermann Georg Winkelhagen hatte wegen einer unbeglichenen Geldforderung den Juden Soestmann-Behrens, genannt Pinnes, erschlagen. Er floh nach der Tat und geriet in der Folge in algerische Gefangenschaft, aus der er erst 1805, zusammen mit 231 Leidensgenossen, von den Truppen Jérôme Bonapartes (des Bruders Napoleons und späteren Königs von Westfalen) befreit wurde. 1806 kehrte er in sein Heimatdorf Bellersen zurück. Dort wurde er im September desselben Jahres erhängt aufgefunden. – Die Gerichtsbarkeit in diesem Kriminalfall hatte die Familie Haxthausen innegehabt und August von Haxthausen hatte den Fall 1818 unter dem Titel »Geschichte eines Algierer-Sklaven« in der Göttinger Zeitschrift »Die Wünschelrute« (Nr. 11–15, 5.–19. Februar 1818) dokumentiert. Dieser Bericht bildete den Ausgangspunkt für Annette von Droste-Hülshoffs Erzählung. Die Jugendgeschichte Friedrich Mergels, die einen wesentlichen Teil der Handlung ausmacht, ist jedoch die Erfindung der Autorin. Die Schilderung des Milieus, das für Friedrichs Entwicklung so entscheidend ist, geht dabei auf Erfahrungen und Beobachtungen der Autorin im Umgang mit den ›einfachen Leuten‹ der Gegend zurück.

1839 nimmt Annette von Droste-Hülshoff auf das Drängen Schlüters hin die Arbeit an dem lange liegen gebliebenen Gedichtzyklus »Das geistliche Jahr« wieder auf, den sie **Anfang 1840** abschließt. Die Endfassung besteht aus 72 Gedichten und handelt in sehr persönlicher Weise von der geistigen Zerrissenheit des zwischen aufgeklärtem Bewusstsein und religiösem Bedürfnis schwankenden Menschen. – **1840** entstehen zahlreiche Balladen, die noch heute zum Wirkungsvollsten im lyrischen Werk der Dichterin zählen, sowie ein Lustspiel (»Perdu!«). **1841** unterstützt Annette von Droste-Hülshoff Levin Schücking, der sich inzwischen von seiner juristischen Ausbildung abgewandt und ganz der Literatur verschrieben hat, bei dessen im Entstehen begriffenen Werk »Das malerische und romantische Westfalen« mit Prosaskizzen und Balladen. Darüber hinaus arbeitet sie an seinen Romanen »Der Familienschild« und »Das Stiftsfräulein« mit. Das seit 1839 verfolgte Projekt eines eigenen großangelegten Westfalenromans mit dem Titel »Bei uns zu Lande« bleibt dagegen unvollendet. Die 1840 entstandenen Balladen erscheinen in verschiedenen Zeitschriften.

Meersburg am Bodensee und Rüschhaus bei Münster, 1841–1848

1838 sind die Laßbergs von Eppishausen nach Meersburg am Bodensee umgezogen, wo Annette von Droste-Hülshoffs Schwager von der badischen Regierung eine bereits im 7. Jahrhundert errichtete Burg erworben hat. Im **September 1841** kommt Annette von Droste-Hülshoff zum ersten Mal zu Besuch. Auf ihre Vermittlung hin lässt Laßberg im Oktober auch Levin Schücking kommen, damit dieser seine über 10 000 Bände umfassende Bibliothek katalogisiert. Annette von Droste-Hülshoff und Schücking verbringen viel Zeit miteinander. Sie schreibt, angeregt durch den Umgang mit ihm und die Zeichen seiner Zuneigung, viele Gedichte. Mit seiner Hilfe gelingt es ihr zudem doch noch, in Verbindung zum Cotta Verlag zu treten. **1842** erscheint »Die Judenbuche« zwischen dem 22. April und dem 10. Mai in sechzehn Folgen in dem traditionsreichen »Morgenblatt für gebildete Leser« des berühmten Tübinger Verlegers. Auch mehrere Gedichte werden im »Morgenblatt« gedruckt.

Anfang April 1842 reist Schücking ab. Annette von Droste-Hülshoff vermisst ihn sehr. Mitte August kehrt sie über Bonn nach Hause zurück. Dort entstehen weitere Gedichte.

Im **September 1843** reist Annette von Droste-Hülshoff zum zweiten Mal nach Meersburg. Sie beginnt, sich in der Voralpenlandschaft heimisch zu fühlen, deren mildes Klima auch ihrer unverändert prekären Gesundheit zugutekommt. Mitte November ersteigert sie für 400 preußische Taler ein kleines auf einem Hügel gelegenes Anwesen, das sogenannte Fürstenhäuschen, mitsamt dem zugehörigen Weinberg. Dort lebt sie in der Nachbarschaft der Familie ihrer Schwester und schreibt Gedichte.

Im **Mai 1844** kommt Levin Schücking mit seiner Frau Luise, geborene von Gall, zu Besuch. Das Paar ist seit Oktober verheiratet. Das alte vertraute Verhältnis zwischen Annette von Droste-Hülshoff und Schücking stellt sich nicht wieder her.

Im **Herbst 1844** erscheint bei Cotta eine Gesamtausgabe des bis dahin vorliegenden lyrischen Werks: »Gedichte von Annette Freiin von Droste-Hülshoff«. Die Dichterin erhält ein stattliches Honorar; achtungsvolle Rezensionen in wichtigen Zeitungen erscheinen. Das ist noch nicht der Ruhm – der kommt erst allmählich und nach dem Tod –, aber doch die öffentliche, nicht mehr bestreitbare Anerkennung der Verfasserin als bedeutende Autorin. Ende September kehrt Annette von Droste-Hülshoff zur Mutter ins Rüschhaus zurück. Ihre Amme Katharina Plettendorf, der sie – die zu früh Geborene – ihr Leben verdankt, ist schwer erkrankt. Sie pflegt die alte Weggefährtin bis zu deren Tod Ende Februar 1845.

Nachdem Annette von Droste-Hülshoff Autorin des Cotta Verlags geworden ist, folgen **1845** weitere Veröffentlichungen (»Bilder aus Westfalen«, »Abbenburger Gedichte«). Die »Kölnische Zeitung« bringt den Gedichtzyklus »Volksglauben in den Pyrenäen« und weitere Gedichte.

1846 bricht Annette von Droste-Hülshoff endgültig mit Levin Schücking. Trotzdem bleibt Schücking ein Bewunderer der Dichterin. Er gibt nach ihrem Tod ungedruckte Werke heraus, wird ihr erster Biograf (»Annette von Droste. Ein Lebensbild«. Hannover 1861) und betreut 1878/79 eine bei Cotta erscheinende Gesamtausgabe ihrer Werke.

Im Frühjahr erkrankt Annette von Droste-Hülshoff schwer. Als sie im September einigermaßen reisefähig ist, geht sie einmal mehr nach Bonn und von dort nach Meersburg, wo sie Anfang November eintrifft. Dort verbringt sie die letzten eineinhalb Jahre ihres Lebens, ohne noch einmal wirklich zu Kräften zu kommen. Die ersten drei Monate nach ihrer Ankunft kann sie ihr Zimmer nicht verlassen. Akute Herzprobleme stellen sich ein. Im Frühjahr **1847** bessert sich ihr Befinden, während die körperliche Schwäche eher zunimmt. Immerhin kann sie wieder kleinere Spaziergänge machen, ein wenig musizieren und aktiv an Gesprächen im Familienkreis teilnehmen. Ende Juli setzt sie ihr Testament auf. Die revolutionären Unruhen im **März 1848**, die auch bis an den Bodensee dringen, bekommt sie noch mit; Jenny von Laßberg erwähnt in ihrem Tagebuch »Fackelgang und Geschrei einiger Radikalen« und dass sich die Schwester sehr ängstige (Eintrag vom 10. März). Am 19. Mai unternimmt Annette von Droste-Hülshoff ihren letzten Spaziergang außerhalb der Burg. Zwei Tage später setzt heftiger Bluthusten ein. Am **24. Mai** erliegt Annette von Droste-Hülshoff im Alter von 51 Jahren einem Herzanfall.

Druck A 1 / Jahr 2015
Alle Drucke der Serie A sind im Unterricht parallel verwendbar.
Bildnachweis (S. 2: Porträt von Annette von Droste-Hülshoff): akg-images

Redaktion, Satz, Erläuterungen und ›Leben und Werk im Überblick‹: Dr. Hans-Georg Schede, Freiburg

Layout: Yvonne Behnke, Berlin

Druck: westermann druck GmbH, Braunschweig

ISBN 978-3-507-69983-0